KB074702

사람을
살리는
웃음

사람을 살리는 웃음(개정판)

초판 1쇄 2017년 1월 25일
개정 1쇄 2022년 3월 31일

지은이 김영식

펴낸이 김제구
펴낸곳 리즈앤북
편집디자인 DESIGN MARE
인쇄·제본 한영문화사

출판등록 제2002-000447호
주소 04029 서울시 마포구 잔다리로 77 대창빌딩 402호
전화 02-332-4037 팩스 02-332-4031
이메일 ries0730@naver.com

값은 뒤표지에 있습니다.
ISBN 979-11-90741-25-5 (03330)

사람을 살리는 웃음

김영식 지음

리즈앤 북
ries & book

프롤로그

위드 웃음 시대를 열자

2년이 넘게 고통스러운 코로나 상황을 겪으면서 우리 삶에는 많은 변화가 일어났다. 가장 큰 변화는 바로 사회적 거리두기라는 생활 방식의 변화다. 마스크는 생활필수품이 되었고, 비대면 사회생활이 일상화되었다. 정부에서 '위드 코로나' 정책을 발표하고 정치·경제·사회적 안정과 변화를 꾀하고 있지만, 안정을 추구하는 것과 자신의 건강 관리는 분명 차원이 다르다. 다만 고삐 풀린 망아지처럼 개인의 자유와 이익만을 챙기려는 생각이 팽배해지는 사회 현상만은 막아야 하는 일이 아닌가 싶다.

의료관계자들은, 마스크를 쓰는 생활이 장기화되면서 가장 두드러진 건강의 변화가 '우울증과 정신질환의 증가'라고 지적하며, 스스로 건강을 지키려는 의지가 무엇보다 중요하다고 말한다.

행복학 관점에서 보면, 관광과 공연은 행복지수를 높이는 데 매우 큰 영향을 주는 검색어로 등장한다. 관광은 아름다운 추억과 웃음을 선물해 주며, 공연은 공감과 카타르시스를 선물한다. 스포츠 관람을 하면서 함성을 지르면 안 된다는 방역 수칙이 있지만, 순간적으로 터져 나오는 탄성이나 함성은 자신도 모르게 스트레스를 해소시켜 준다. 위드 코로나 시대, 생활 방식에서도 자신의 정신 건강을 위해 스스로 웃음을 찾는 노력을 해야 할 것이다.

아침에 눈을 떠 오늘 하루에게 감사하면서 미소 짓는 연습만 해도 하루는 우리에게 반드시 웃음을 선물해 줄 것이다. 'present'라는 단어는 '현재'라는 뜻과 '선물하다'라는 뜻을 모두 가지고 있다. 지금 행복해지기를 연습하고, 혼자서라도 웃는 연습을 한다면, 반드시 행복이라는 선물을 받을 수 있다.

휴대폰에 알람을 설정해 놓고 하루 세 번이라도 미소 짓고 웃는 시간을 가져보자. 차 안에서도 밝게 웃는 연습을 하다 보면 짜증나는 운전도 기분 좋은 시간이 될 수 있다. SNS의 발달로 말보다는 글이 더 큰 힘을 갖는 시대가 되었으니, 이모티콘 하나로 상대방에게 기분 좋은 미소를 선사할 수도 있다. 호의로 전해진 가벼운 미소가 웃음으로 발전한다.

위드 코로나 시대는 우리가 어떻게 바이러스와 공존할 것인가의 시험대라고 보면 된다. 그렇다면 '위드 코로나'의 마음가짐처럼 '위드 웃음운동'으로 잃어버린 웃음을 되찾아볼 수 있지 않을까?

웃음은 우리 마음을 밝게 하고 기분을 전환시켜 준다. 기분이 좋아진다는 것은 기의 순환이 원활해진다는 뜻으로, 코로나19와 같은 바이러스 질환에 꼭 필요한 면역력 증강에도 도움이 된다. 마스크를 쓰는 생활이 장기화되면서 몸 밖으로 나가야 할 이산화탄소가 마스크를 통해 다시 몸속으로 들어와 폐질환 증가의 원인을 제공하고 있다. 암 사망률 1위가 폐암이라는 사실은 간과해서는 안 된다. 웃음은 우리 몸 안의 스트레스 물질을 몸 밖으로 배출하는 데 탁월하다. 그래서 필자는 웃음을 '웃숨', 즉 '위로 내뱉는 숨이다'라고 말한다. 우울한 감정을 일시에 해소하는 데는 웃음만큼 좋은 것이 없다.

'위드 웃음생활'은 우리의 몸과 마음의 방역에 더없이 좋다. 돈 들이지 않고 할 수 있는 좋은 건강법이니, 많은 사람들이 모이지 않는 곳이라면 소리 내서 웃어볼 만하다. 심리학자 데이비드 마이어스는 "좋은 환경을 수동적으로 받아들이기보다 가치 있는 활동에 적극 참여하고 목표를 향해 갈 때 더욱 행복해진다"라고 말했다.

행복이라는 목표 설정에 주안을 둘 게 아니라, 지금 이 순간 그 목표를 추구해 가는 과정에 더 집중해 보자. 외부적인 불행 요인보다는 지금 내가 자신의 삶 속에서 어떻게 행복을 추구해 가느냐의 과정에 집중해 보자. 웃음과 함께하려고 노력하는 과정이 우리의 육체와 정신을 더 건강하게 만드는 것이다. 필자는 이러한 사회운동이 일반화된 사회야말로 최고의 복지사회라고 생각한다.

지금까지도 우리는 어렵고 힘든 상황에서 작은 행복을 찾아왔다. 내일 지구가 멸망한다고 해도 나는 오늘 한 그루의 웃음 나무를 심겠다는 마음을 갖는다면 지금의 이 위기 또한 지나가리라.

위드 코로나! 위드 웃음!

차례

제2장 웃어라, 행복이 내 안에 있으니

1장

웃어라,
세상이 웃을 때까지

행복한 삶을 위해
삼색(三索)하자

행복이라는 무지개를 찾아 떠난 어린 소년이 있었다. 비가 갠 후 동네 산 너머에 찬란한 무지개가 떠올랐다. 소년은 그 황홀함에 못 이겨 그 무지개를 더 가까이에서 보려고 달리기 시작했다. 숨이 턱까지 차오르도록 달리고 또 달려 산에 올랐다. 그런데 산에 오르자 그 무지개는 사라지고 말았다.

소년은 너무 허탈했다. 그리고 깨달았다. 무지개가 떠올라서 사라질 때까지 제자리에서 그 무지개의 아름다움을 감상했더라면 더 좋았을 것을, 무지개를 가지려고 하다가 결국 무지개를 볼 수 있는 기회를 놓치고 말았다는 것을.

한 시대를 풍미하신 문학가이며 언론인 그리고 문화부장관을 지

내신 이어령 교수님의 최근 근황을 신문을 통해 알게 되었다. 〈암 걸리고 나니 오늘 하루가 전부 꽃 예쁜 줄 알겠다〉라는 타이틀을 읽고 잠시 생각에 잠겼다. 역시 큰어른답게, 담담하게 삶과 죽음에 대한 당신의 생각을 말씀하셨다. 그중에 나의 뇌리를 스치는 세 단어가 있었다. 검색(檢索), 사색(思索), 탐색(探索)이다.

이어령 교수님께서 젊은이들에게 남기고 싶은 말씀을 정리하신 부분이 있었다. 선생님의 말씀을 빌리자면, "세상을 바라보는 시각의 지평은 그 시점을 바꿔 보면 대상이 달라 보인다. 그래서 이미 일어난 과거를 알려면 검색하고, 현재 일어나고 있는 것을 알려면 사색하고, 미래를 알려면 탐색하라. 검색은 컴퓨터 기술로, 사색은 명상으로, 탐색은 모험심으로 한다. 이 삼색을 통합할 때 젊음의 삶은 변한다."고 하셨다.

행복 또한 행복을 바라보는 시점을 달리하면 전혀 다른 결과가 나오게 된다. 오랜만에 시청률이 꽤 높은 드라마가 있었다. 특권층들만 사는 '~캐슬'이라는 동네에서 오로지 SKY를 목표로 아이들을 공붓벌레 아니 기계로 만들어버리며 생명의 소중함보다는 그들의 사회적 지위를 지키기 위해 남들에게 보여주는 식의 비참한 삶을 사는 사람들. 그러한 모습이 진정으로 행복한 삶은 아닐 듯하다.

21세기는 지식 위주의 삶이 아니라 검색을 통한 지식 공유의 정보화 시대이다. 과거의 역사나 삶을 알려면 검색, 즉 자신이 필요한 자료를 통해 과거를 알 수 있다. 굳이 필요 없는 내용까지 모두 자기 화시킬 필요는 없다.

"당신에게 가장 중요한 시간은 언제인가?"라고 묻는다면 바로 지금이다. '지금'에 대하여 사색하는 것은, '지금'을 바라보는 연습을 통해 가능하다. 인간의 불행은 대체적으로 '지금'을 제대로 느끼지 못하고 사는 데서 오는 것이다. 행복은 소년이 찾아 떠난, 잠깐 생겼다가 사라지는 무지개에 있는 것이 아니다.

지구와 우리의 미래를 위해서라면, 외계를 정복하려고 할 것이 아니라 외부 세계를 탐색해야 한다. 일상에서 미래를 점칠 수 있는 가장 좋은 방법은 '지금'을 바라보는 일이다. '지금'을 잘 바라보면 '내일'이 보인다. 지금을 어떻게 사느냐에 따라 운명(運命)은 바뀔 수 있다. 운명(運命)의 운(運) 자는 운전(運轉)의 운(運) 자와 같다. 자신의 행복한 삶은 깊은 사색을 통해 미래를 탐색함으로써 스스로 찾는 것이다.

지구 곳곳에서 일어나고 있는 많은 일들을 잘 들여다보면, 지구 별의 모든 생명은 서로 연결되어 있음을 알 수 있다. 즉, 나만 행복하다고 행복한 세상은 아는 것이다. 너와 나, 우리 모두가 함께 행복한 세상, 즉 삼색(三索)이 엮이고 꼬인 대동세상이 행복해야 하는 것이다. 나 중심의 삶에서 우리 중심의 삶으로 의식을 전환해야 행복한 삶을 살 수 있다.

지금은 웃음을
잃지 말아야 할 때

인류가 한곳에 정착하여 집단생활을 하고 도시문명을 형성하여 살면서부터 전염병은 우리 삶의 일부가 되어버렸다. 세계전쟁의 역사에서도 세균을 통한 잔인한 전쟁은 뼈아픈 고통을 남겼다. 중세유럽의 흑사병, 노예제도를 붕괴시킨 황열병, 아메리카의 주인을 바꿔버린 천연두, 20세기에 들어와 폐렴, 스페인 독감 등은 수천만 명을 사망에 이르게 했다. 그야말로 총을 든 전쟁보다 균에 의한 사망이 더 많다는 이야기이다.

최근 들어 우리는 사스, 메르스에 이어 코로나19라는 무서운 전염병의 공포에 떨고 있다. 길거리에도 가정에도 웃음을 잃어가는 사람들이 기하급수적으로 늘어가고 있다.

원래 우리 몸의 세포는 외부의 균으로부터 스스로를 보호하기 위한 자가 면역 기능을 갖고 있어서, 평소에는 '나쁜 세포'의 활동을 알아서 척척 막아준다. 그런데 지금 그 기능에 문제가 생겼다. 요즘 코로나19로 인하여 우리 몸과 마음에 스트레스를 많이 받고 있기 때문이다. 스트레스 호르몬인 코르티졸이 면역 체계를 억제함으로써 우리 몸의 면역력에 문제를 일으키고 있다. 그나마 다행인 것은 우리에게는 '웃음'이 있다는 점이다.

고대로부터 긍정적인 유머와 웃음은 최고의 명약이요, 면역제로 알려져 왔다. 웃음은 면역력을 증가시키는 데 강력한 효과를 가지고 있어서 하루 10회 정도 큰 소리로 웃게 되면 백혈구 내에 있는 NK, T, B 세포 등이 활성화되어 면역력을 강화시켜 준다.

지금의 위기 상황을 보면, 몸도 몸이지만 각종 언론에서 시시각각으로 전해 오는 코로나19의 전파 속도와 변이 소식이 우리의 마음을 공포 속으로 몰아넣고 있다. 몸의 건강도 필요하지만 지금 우리에게 필요한 것은 마음의 면역력이다. 물론 힘을 모아 병을 극복하는 것도 시급하지만, 무엇보다 중요한 것은 웃음을 잃지 말고 모두가 마음을 합쳐 이 난관을 극복해 나고자 하는 마음가짐이다.

그렇다면 각자 개인의 마음을 잘 관리하기 위해서는 어떤 마음가짐이 필요할까?

1. 가짜 뉴스나 부정적인 말에 휘둘리지 말아야 한다

마음의 중심을 잡아 정보를 걸러내고, 자신의 생활 공간을 잘 소독하는 등의 기본적인 위생 관리부터 철저히 해나가는 것이 필요하다. 마스크 쓰기, 대인관계 시 거리 유지하기, 문 손잡이 깨끗이 닦기, 물을 많이 마셔 몸의 면역력을 유지하기 등 생활 속의 자기 관리를 잘해야 한다. 그리고 비록 마스크를 썼더라도 눈웃음으로 서로에게 응원과 위안을 주자.

2. 부정적인 생각에 오래 머물지 말아야 한다

매우 큰 스트레스이지만 "이만하기 다행이다, 그래도 괜찮아, 그럴 수도 있지." 하면서 부정적인 생각이 떠오르면 그것을 빨리 알아차리고 자신의 생각을 흐르는 물처럼 흘려보내자. 자신의 호흡에 집중하고 미소 짓는 연습을 게을리 하지 말아야 한다. 그러면 쉽게 부정적인 생각을 긍정적으로 바꿀 수 있다.

3. 예전보다 더 웃음을 가까이 해야 한다

지금의 상황들은 웃음을 잃을 수밖에 없는 상황이다. 그러나 인간은 웃음을 잃으면 생명을 잃는 것이고 생각을 잃는 것이며, 삶에 대한 희망을 잃는 것임을 알아야 한다. 몸에 상처가 나면 약을 발라주고 붕대를 감아주듯, 마음에 상처가 났다면 그 마음에 약을 발라

주고 붕대를 감아주어야 한다. 그것이 바로 웃음이다. 웃을 일이 없다 해도 "하하, 호호호" 작은 소리라도 내면서 입꼬리만 올려도 우리 뇌는 기분이 좋아지고, 자주 하다 보면 마음에 태양이 서서히 떠오를 것이다. 전쟁의 포화 속에서도 웃음을 잃지 않는 병사는 살아나온다.

물론, 마음을 다스린다는 것이 쉬운 일은 아니다. 그러나 노력해야 한다. 내 몸이 가장 소중하듯 내 마음도 가장 귀하기 때문이다. 내 마음이 편해야 내 주변의 가족, 연인, 친구, 사회도 편하다. 우리 인간에게는 잠재된 초능력이 있다. 이 초능력을 더 극대화시켜 지금의 난관을 극복해야 한다. 오늘 내가 바라보는 저 태양은 어제 죽은 이가 그토록 보고 싶어 했던 내일의 태양이니 말이다.

분노의 세상에서
웃으면서 살기

뜨거운 날씨만큼이나 우리 사회를 뜨겁게 달구는 사회적 이슈들이 많다. 그중에 가장 우리를 분노하게 만드는 이슈는 바로 일본과의 관계이다. 잊을 만하면 독버섯처럼 우리 사회를 뒤흔들어 놓는 한일 문제는 잊을만하면 어김없이 우리 국민의 속을 뒤집어 놓고 있다. 온 국민이 분노를 하다 보니 우리 사회가 화병이 나고 소화불량에 걸릴 정도다. 거기에다 국내의 정치 상황은 국민의 마음을 아는지 모르는지 오히려 기름을 붓고 있는 격이라고 할까? 그러다 보니 국민 분노로 인한 경제적·사회적 손실은 국가 발전에 큰 악영향을 끼치고 있다.

예전에 돌아가신 외할머니께서는 한국과 일본이 권투를 하는 날에는 밥도 안 드시고 권투를 보셨다. 어쩌다 한국 선수가 지기라도 하는 날에는 아예 식음을 전폐하고 머리를 싸매고 드러누우셨다. 외할머니의 분노는 극에 달하고 심지어 몸살이 나기까지 했다. 며칠 동안은 그 누구도 할머니의 화를 풀지 못한다. 할머니의 분노는 어머니께 전해지고, 어떨 때는 나한테까지 와서 가벼운 일로도 야단을 맞곤 했다.

이러한 분노나 화는 바이러스처럼 주변에 전염된다는 사실을 알아야 한다. 화는 과거와 현재를 살아오면서 보고 듣고 한 오감의 기억들이 느낌으로 머릿속에 저장된 것이다. 저장된 기억들은 저돌적인 감정으로 인하여 화의 성질로 변하고, 결국에는 욕구 불만으로 표현되는 것이다. 정치인은 국민들의 분노나 화를 풀어주기 위한 올바른 정책을 펴야 한다. 우리 국민들이 마음의 여유를 가지고 생활할 수 있는 제도적인 장치야말로 국가 발전의 초석이라는 것을 알아야 할 것이다.

무의식적으로 마음 안에서 일어나는 화나 분노는 자신의 건강과 사회적 건강을 해칠 수 있으므로, 생활 속에서 분노를 치료하고 웃으면서 살 수 있는 방법들을 알아보자.

1. 분노의 원인을 분석한다
평소에 자신이 민감하게 분노하는 부분을 생각해 보고 해결하도록 노력한다. 가령 어떤 일이 나를 화나게 만드는지, 내 분노가 정당한 것인지, 그렇다면 왜 내가 유독 이 부분에 민감해서 분노를 터트리는지 등을 분석하고 해결해 나간다.

2. 분노를 인정한다

어느 누구나 분노할 수 있다는 사실을 인정하는 것이 중요하다. 자신의 감정을 드러내는 것이 또 다른 분노를 야기하지 않기 때문이다. 그러므로 좋으면 '좋다', 화나면 '화난다'라고 솔직한 감정을 말하는 훈련이 필요하다. 상대방을 비난하는 것보다는 자신의 생각과 감정을 표현해서 푸는 것이 중요하다.

3. 분노를 절제하는 습관을 갖도록 훈련한다

이미 분노한 후에는 후회해 봐야 소용이 없다. 설제하는 습관이 중요하다. 그런데 사실 이런 절제는 훈련이 필요하다. 연세 드신 분들은 그다지 화를 자주 내지 않으신다. 이는 세월이 흘러 자동적으로 분노가 수그러지는 것이 아니라, 계속적인 좌절과 부딪힘이라는 방어벽을 통하여 '절제'라는 훈련을 쌓았기 때문이다. 어리석은 자는 분노를 다 드러내지만, 지혜로운 자는 분노를 억제하고 통제하는 능력이 있다.

4. 자존감·자신감을 길러 나간다

계속적인 분노는 스스로에 대한 자존감·자신감 결여로 인하여 나타나는 경우가 많다. 열등감 때문에 도리어 화를 내고, 주변에서 자신의 우월함을 인정해 주지 않아 분노로 이어지기도 한다. 그러므로 먼저 자신이 얼마나 소중하고 완벽한 존재인가를 믿어야 한다.

자신의 호흡을 가만히 바라보자. 분노는 호흡을 거칠게 만든다. 평소에 명상을 통해 자신의 호흡을 바라보는 연습을 하게 되면 분노를 덜 느끼게 되고, 웃음을 가까이함으로써 뇌를 평화로운 상태로 유지할 수 있게 된다.

웃음도 습관이다. 웃는 습관과 유머를 생활화함으로써 자신의 마음을 항상 행복하고 평화로운 상태로 유지하도록 노력해 보자.

마음먹기와
행복한 삶

　우리 인간은 무언가를 먹음으로써 생명을 유지할 수 있다. 그런데 무엇을 어떻게 먹느냐에 따라 개인의 건강이나 사회적인 건강에 중요한 영향을 미치는 것이 사실이다. 그 무엇인가를 먹는 것 중에는 유형의 것과 무형의 것이 있는데, 그중에 가장 중요한 것은 '마음을 먹는 일'이다. 마음을 먹는 일보다 중요한 것이 있을까?

　정보의 홍수 속에서 살아가는 우리는 굳이 알고자 하지 않아도 각종 사건·사고들을 접하게 된다. 그 사건·사고들에는 우리 자신도 포함되어 있으며, 그로 인하여 인생에 영향을 미치는 위험한 일을 당하기도 한다.

　갑자기 교통사고를 당해 장애인이 되기도 하고, 화재를 당해 온

몸에 화상을 입기도 하고, 가족의 갑작스러운 죽음에 죽음보다 더 큰 고통을 겪기도 한다. 이런 예기치 않은 사건과 사고는 늘 존재하고, 그렇게 아픔을 겪었을 때 마음 한쪽에서 불쑥불쑥 화가 올라오는 것을 느끼게 된다.

우리 삶에서 일어나는 이러한 사건·사고들은 우리 마음대로 컨트롤할 수 없는 경우가 많다. 그래서 아무리 그 생각을 되뇌면서 후회하고 잘잘못을 따져도 이미 일어난 일을 돌이킬 수는 없다. 하지만 그래도 할 수 있는 일이 한 가지 있다. 바로 그 일에 관한 해석을 잘 내리는 것이다.

예를 들어, 그 사건에 대한 해석을 내가 부정적으로 내려버리면 견딜 수 없는 억울한 삶의 피해자로 평생을 살아가야 된다. 하지만 반대로 그 사건에 대한 의미를 최대한 긍정적으로 잘 살펴보고, 더불어 이번 일을 삶에 대한 큰 배움으로, 자신의 영혼을 성숙시키는 기회로 삼는다면 잘 이겨낼 수 있다.

사실 즐겁고 신나는 일이 있을 때는 그 속에서 배우는 것이 별로 없다. 그러나 어렵고 힘든 일이 생겼을 땐 지금까지 살아왔던 인생을 잠시 멈추고 비로소 주변을 살피게 된다. 얼마 전 필자도 친구의 갑작스러운 죽음을 보면서 바쁘다고 소홀했던 몇몇 친구들에게 안부를 묻기도 했다.

자신의 인생에서 별 어려움을 모르고 살아오면, 타인의 고통을 봐도 마음속에서 자비로운 마음이 크게 생기지 않는 경우가 종종 있다. '그 사람에게도 어떤 문제나 잘못이 있었겠지' 같은 생각으로 온전히 이해하지 못하거나 나와는 상관없는 일처럼 받아들일 수도 있다. 하지만 아픈 경험을 해본 사람들은 그 일이 남 일 같지 않고 마음이 열려, 함께 걱정도 해주고 마음을 보태기도 한다.

우리가 사는 세상은 거미줄처럼 서로 연결이 되어 있어서 우리 주변의 사소한 일들도 사실은 나와 관련이 있고, 자신의 행복지수에 영향을 미치게 된다.

자신에게 갑자기 닥쳐오는 사고나 불행을 겪었을 때 자신의 마음을 잘 추스르는 방법 중 하나는 '지금의 불행이 그나마 이만 했으니 다행이다. 그리고 감사하다'라고 마음을 잘 먹는 것이다. 사고나 불행을 경험했을 때, 마음먹기에 따라 오히려 전화위복이 될 수도 있다.

많은 사건과 사고 속에서도 필자가 그나마 웃음박사로 살아갈 수 있는 원동력 또한 마음먹기를 잘했던 덕분이다. '그래, 웃어야지, 힘이 들어야 힘이 세지지' 하고 마음을 잘 먹었다. 마음 하나 잘 먹으니 세상을 보는 눈이 달라지고, 세상을 바라보는 눈이 달라지니 내 인생도 더 긍정적인 방향으로 흘러갔다.

복지회관에서 재능기부를 하고 운동장을 걸어 나오는데, 장애인 아이가 나에게 "아저씨 언제 또 와요? 오늘 재미있었어요."라고 뒤통수에 말을 건넸다. 뒤돌아 손을 흔들고 돌아서는데 흐르는 눈물을 주체할 수가 없었다. '그래도 나는 감사하구나, 돌아갈 집이 있고, 말할 수 있고, 볼 수 있고, 들을 수 있고, 걸을 수 있으니 이 얼마나 감사한가.'

요즘 세상이 각박하다고 말하는 사람들이 많다. 주변을 탓할 것이 아니라 나 자신부터 돌아보자. 나는 어떤 마음을 먹고 있는가? 좋은 마음을 많이 먹어서 우리의 영혼이 건강한 삶이 되도록 노력해야겠다.

날씨가 추워지니 따뜻한 난로가 그리워진다. 누군가의 온기를 느끼고 싶다면, 내 자신이 먼저 누군가의 따뜻한 난로가 되어주는 건 어떨까?

남자의 눈물을
허락하라

　찬바람이 세차게 몰아치는 골목길을 홀로 걸어가는 어느 아버지의 뒷모습은 세월의 덧없음을 느끼게 하는 한 장의 사진 같다. 어느새 낙엽도 다 떨어지고 앙상한 가지만 남겨놓은 가로수의 모습을 보고 있자니 훌쩍 다가온 겨울에 더욱 쓸쓸해진다. 공원 옆 포장마차에서 어묵국물 한 사발을 시켜놓고 말 없이 소주를 마시는 중년 남자의 모습을 보는 건 어제오늘이 아니지만, 왠지 더 서글퍼 보이는 것은 날씨 탓인 걸까.

　학생들에게 부모님과 함께 웃는 동영상을 찍어 제출하는 리포트를 받으면서 함께 받은 한 통의 문자가 내 마음을 아리게 했다.

　몇 달 전 직장에서 어쩔 수 없는 명예퇴직을 하시고 거의 매일 집에 계시는 아버지에게 어느 날 아들이 한 가지 제안을 한다.

"아빠, 저랑 웃음 동영상 하나 찍어요. 이거 과제인데 한 번 같이 해보세요."

아들의 말에 아버지는 "야! 너는 지금 웃음이 나오냐!"라는 말과 함께 밖으로 나가셨다. 다음날 다시 아버지께 함께 웃자고 제안을 했는데, 아버지께서 마지못해 웃는 시늉을 하면서 동영상을 찍어주시더라는 거다. 그런데 동영상을 조금 찍다가 "그만하자"고 하시더라는 것이다.

그래도 아버지와 모처럼 웃는 시간이 좋았던 아들은 다음날 다시 한 번 부탁을 했고, 함께 소리 내서 웃다가 아버지께서 갑자기 울컥 눈물을 흘리셨다는 것이다. 아들의 어깨를 잡고 잠시 눈물을 흘리시던 아버지는 멋쩍은 듯 밖으로 나가셨고, 계속 집에만 계셨던 아버지는 다음날 양복을 챙겨 입고 밖으로 나가시어 일자리를 찾으셨다는 것이다.

아버지와 함께 웃음을 통해 부자간의 소통은 말없이 이어졌고, 아버지는 당당한 자신의 모습을 찾기 위해 세상으로 다시 나가셨다는 것이다. 아버지를 다시 세상으로 불러주신 교수님께 감사드린다는 글이었다.

아버지는 울지 못한다. 남자는 울어서는 안 된다. 지금까지 우리는 남자와 여자라는 양분화된 교육을 받고 자라오면서 '남자다움'을 배웠다. 그 하나가 절대 눈물을 보여서는 안 된다는 것이다. 그래서 일까. 우리나라 50대 남성의 사망률 원인 중 세 손가락 안에 꼽히는 것이 바로 '심근경색증'이다. 가장으로서의 역할과 사회에서의 압박과 스트레스를 이기지 못하고, 많은 아버지들이 가슴을 움켜쥐고 쓰러지는 것이다. 참으로 안타까운 현실이다.

이제 그 아버지, 아니 남자들에게 눈물을 허락하자. 한 남자의 진심 어린 눈물은 그 어떤 언어보다도 강하다. 삶의 무게에 눌릴 때 호탕하게 웃기도 해야겠지만, 눈물도 흘릴 줄 아는 마음의 여유를 가져보자.

눈물은 몸속의 스트레스 물질을 다량으로 배출하는 통로이기 때문에 눈물을 흘리고 나면 가슴이 시원해진다. 바로 가슴 안에 응어리졌던 답답했던 증상들이 '울음'이라는 매개체를 통해 해소되기 때문이다. 물론 많은 여성들의 눈물도 그런 효과는 같다. 이제 남편과 함께 손을 잡고 슬픈 영화라도 한 편 보며, 그가 살아온 질곡의 이야기를 들어주며 등을 쓸어주자. 우리 남자들은 위로받고 싶다. 남자들이 좋아하는 노래의 70% 정도가 눈물과 관련된 노래라는 앙케트 조사도 이런 반증이 아닐까.

몇 년 전 아내와 영화 한 편을 보면서 많이 울었고, 영화관에서 나와 국밥집에서 그동안 아내에게 숨겨 왔던 나의 이야기들을 털어놓으며 다시 눈물을 흘린 적이 있다. 그 후로 아내는 나를 더 이해해

주었고, 힘들 때는 언제든지 그렇게 하라고 다독여주었다.

눈물을 억압받고 자란 아이는 나중에 폭력성을 띄는 경향이 강하다고 한다. 울음은 마음의 언어다. 차가운 바람만큼이나 냉정한 세상에서 남자들은 마음에 고인 물을 표출하지 못한 채 가슴을 부여잡으며 살고 있다. 남자의 눈물을 허락해 주는 마음 따뜻한 세상이 그립다.

감정 대리인의 시대

    살아가다 보면 자신의 전문 분야가 아닌 법률 관련 사항이나 부동산 또는 각종 행정 서식과 관련한 서류들을 처리해야 할 때가 있다. 그럴 때 우리는 전문 대리인에게 일정액의 수수료를 주고 맡겨 일을 처리해 왔다. 그런데 지금은 그런 서류들도 기계가 대신 출력해 주고, 스마트폰에서 간단한 인증 절차만 거치면 해결되는 경우가 많아졌다. 참으로 편해진 세상이다.

    그런데 문제는 거기에서 그치는 게 아니었다. SNS에 '~을 대신 말해 줍니다' 또는 '대리해 드립니다' 같은 사이트들이 등장하면서, 자신이 직접 상대방을 만나지 않아도 간단한 금액을 지불하면 욕도 대신 해주고 화도 대신 내주는 '감정 대리인'이 등장하기 시작한 것이다.

　필자는 웃음과 명상 등 감정과 관련된 연구를 하고 있다 보니 자연스럽게 이 부분에 관심을 가지게 되었다. 간혹 방송에서 패널로 출연을 할 때만 봐도, 필자가 감정을 내보이는 것에 시청자들이 다양한 반응을 한다는 것을 알게 되었다. 어떤 경우에는 패널의 반응이나 자막의 표현이 프로그램을 보는 재미를 더해 주기도 한다. 시청자들은 다양한 예능 프로그램에 나오는 패널들의 감정 표현들을 자기화하여 대리만족을 느낀다. 바야흐로 감정도 대리해 주는 감정 대리인의 시대가 된 것이다.

　감정 대리인은 역할에 따라 세 가지 유형으로 나뉜다.

1. 감정 대행인

　페이스북의 〈대신 지질한 페이지〉의 경우를 예로 들 수 있다. 페이지 운영자는 감정 제보자의 상황에 맞는 게시물을 만들어주거나 어울리는 상황들을 찾아 업로드 해준다. 사람들은 지질함을 대리해 주는 게시물에 공감하며 "내가 쓴 글인 줄"이라는 댓글을 덧붙인다고 한다. 〈대신 화내 주는 페이지〉, 〈대신 욕해 주는 페이지〉 등 다양한 감정 대행인이 등장하고 있다. 이러한 대행 행위에 대해 사회적으로 그리고 개인적으로, 다양한 긍정적 또는 부정적인 반응들이 나오고 있다.

2. 감정 대변인

자신의 기분을 세련되게 전달하고 리액션까지 대신 수행하는 건데, 이를 테면 감성 글귀를 SNS 프로필 사진에 올려 표정을 대신하고, 공유된 인기 일상 툰으로 그날의 기분을 대신하는 것이다. '수고했어, 오늘도', '예쁜 척하고 있네, 안 그래도 예쁜 게' 등 감성 글귀 인테리어 소품도 감정 대변인의 역할을 하고 있다. 이러한 감정 대변의 행위들을 종합해 보면, 그 사람의 감정 변화를 읽어낼 수 있다.

3. 감정 관리인

밀레니엄 세대들이 성인이 되면서 감정을 스스로 통제하기 어려운 사람들을 위한 서비스나 상품이 등장했다. '술 한 잔 하고픈 날', '봄바람이 좋은 날' 같은 맞춤형 추천 서비스가 문화콘텐츠를 넘어 숙박, 여행 등까지 확장됐다. 그러다 보니 여러 가지 문제점들도 발생하는 상황인데, 감정을 대중적으로 쉽고 편하게 소비하면서 감정의 '패스트푸드화'가 진행되는 것이다.

과하지 않고 적당하게 행복하고 편안하며 즐거운 감정만 추구하다 보면, 부정적이거나 슬픈 감정을 수용할 수 있는 마음 근육이 약해져서 어려운 상황을 극복하기 힘들어질 수도 있다. 이는 자신의 감정을 공유하는 방법뿐만 아니라 타인의 감정에 공감하기 어려울 수 있다는 뜻이다.

이러한 감정 대리인의 상황들을 요약해 본다면, 감정이라는 부분은 지극히 주관적인 요인이 강하고 뇌의 작용과도 밀접하다고 할 수 있다. 우리의 삶이 디지털화되고 있다 보니 인간성의 소외와 감정의 약화를 초래하여, 스스로 자신의 감정을 통제할 수 있는 방법들을 다른 방법을 통해 익혀야만 하게 된 것이다. 그래서 몸과 마음 그리고 영혼의 조화로운 건강을 위해서 육체적인 운동, 마음 근육 키우기를 위한 명상 또는 긍정적인 생각, 영혼의 건강을 위한 사회적인 봉사 등의 노력이 필요하다.

삶의 주체는 자기 자신이다. 나나 랜드? 그 '나'는 이기적인 나로 갈 수 있는 소지가 강하다. 나와 네가 이어져 우리는 서로 연결된 세상에서 살고 있다. 나를 중심으로 하되 주변도 함께 조화를 이루면서 사는 방법에 대한 깊은 성찰이 필요한 시대다.

웃음 속의 쾌락중추

더워도 너무 덥다. 올 여름 우리는 지금까지 겪어 보지 못한 새로운 형태의 여름을 보내고 있다. 우리가 사는 동네나 지역을 떠나, 지구 전체에 영향을 받는 글로벌한 시대에 살고 있다는 뜻이다. 코로나 팬데믹으로 인한 공포와 기후 재앙 그리고 사회적 거리두기라는 일상의 통제 속에서 그 어느 때보다 힘든 시간을 보내고 있다. 그러다 보니 생활 속에서 즐거운 일이 점점 사라지고, 우리 삶의 질도 떨어지고 있다.

'코로나 블루'로 불리는 코로나 우울증은 이제 일상이 되어 가고 있고, 아프지 않은 사람이 없다고 할 정도로 여기저기에서 다 아프다고 호소한다. 코로나 바이러스로 인한 전 지구적인 질병은 몸의 고통뿐만이 아니라 스트레스로 인한 여러 가지 '마음 병'으로 우리를 괴롭힌다. 그래서 질병을 치료할 때 쓰이는 약(藥)이라는 한자를 보면서 다시 한 번 생각해 보았다.

약이라는 한자는 즐거울 락(樂)과 풀 초(艸)가 합쳐진 글자다. 즉, 즐거운 마음이 풀처럼 피어오를 때 진정한 약이라고 할 수 있다. 그러므로 약을 복용하거나 치료를 받을 때는 즐거운 마음이 함께해야 진정한 치료가 될 것이다.

여기서 뇌를 잠깐 이야기해 본다면, 우리 뇌에는 기쁨 또는 쾌락에 반응하는 A10이라는 웃음 영역이 있다. 이 영역을 자극하면 기분이 좋아지고 웃음이 나온다. 즉, 쾌락을 느낄 수 있는 영역으로, 이 영역이 발달하면 행복감도 더 늘어날 것이다.

첨단 인공지능 시대가 되면서 뇌와 관련된 연구도 많이 진보하고 있다. 뇌의 쾌락중추를 자극할 수 있는 기계가 나온다면 우울증 치료나 면역질환으로 인한 치료에 많은 도움이 될 것이다.

코로나 팬데믹이 장기화되고 계속되는 변이 바이러스의 등장으로 많은 지구인들에게 공포와 고통이 가속화되고 있다. 사회적인 록다운이 반복되면 우리는 또 다른 생존 방법을 개발하지 않으면 안 될 것이다.

코로나가 끝나더라도 환경기후 재앙과 관련된 고통은 계속될 것이라는 보도도 있다. 지금 겪고 있는 전 세계적인 환경기후 재앙인

지진, 태풍, 우박, 폭우, 폭염 등을 뛰어넘는 더 큰 재앙이 올 것이라는 경고가 계속되는 불안감 속에, 자신의 중심을 어디에 두고 살아야 하는지 스스로에게 물어본다.

웃음을 연구하다 알게 된 사실이 하나 있다. 평화롭고 한가로울 때보다 극한 상황일수록 유머나 웃음이 더 큰 효과를 발휘한다는 것이다. 포화가 날아드는 전쟁의 참호 속에서도 담배 한 대 피워 물며 농담을 주고받는 영화 속 장면을 떠올려보면, 인간에게 웃음이야말로 극한 상황을 극복해 내는 유일한 힘일지 모르겠단 생각을 해본다.

의학적으로 본 웃음의 정신적 효과와 효능은, 즐거워서 웃는 것을 100으로 볼 때 억지로만 웃어도 90%에 가까운 효과가 있다는 연구 결과가 있다. 우리 뇌에 웃음 중추가 있듯이 얼굴에는 웃음 근육이 있다. 입꼬리를 살짝 올리고 눈꼬리를 살짝 아래로 당기는 표정만 해도 전두엽에서 웃음을 유발시킨다. 입꼬리를 움직이는 작은 노력만으로 웃음을 잃지 않을 수 있는 것이다.

얼마 전 〈애꾸는 광대-어느 봄날의 약속〉을 다시 보았는데, 5·18의 극한 아픔을 200여 회가 넘게 공연해 온 비결은 바로 '애꾸는 광대'를 내세워 웃음을 통해 해석했기 때문이리라. 첫 회 공연부터 N차 관람을 하며 느낀 것이지만, 광주에 오면 광주의 아픔을 웃음으로 승화시키는 다양한 공연 작품들을 상시 볼 수 있었으면 좋겠다.

코로나 블루가 망연한 지금이야말로 우리는 웃음이 사람의 생명을 살릴 수 있다는 희망을 품어야 한다. 우리 뇌 속에 보물처럼 자리 잡고 있는 웃음 다이아몬드는 창조주의 선물이다. 광대는 가면 뒤에서는 울고 있지만, 관객의 웃음을 통해 자신을 치유한다. 내 안의 보물을 찾으면 내일도 행복할 수 있다. 아무리 힘들어도 웃음을 잃지 말아야 할 때다.

홍희인간(弘喜人間)이 되자

　오늘도 지구는 돌아가고 나의 의지와는 상관없이 해는 뜨고 달이 지고 바람이 불고 눈이 내리고 비가 내린다. 이 무한한 우주의 법칙은 자연의 순환을 우리에게 가르쳐주고 있다. 삶도 마찬가지이다. 마냥 좋은 날만 있는 것도 마냥 힘든 날만 있는 것도 아니다. 우리는 희노애락의 반복 속에 살아간다.

　코로나19로 인해 우리의 모든 일상이 비대면으로 바뀌고 있다. 학교에는 학생들이, 거리에는 사람이, 가게에는 손님이 사라지고 있다. 심지어 가까운 지인이 생을 마감하고 떠나도 장례식장을 찾아 슬퍼해 주지 못한다.

　아침에 일어나서 뉴스를 접하는 것이 두렵다고 하소연하는 사람들이 늘어나고 있다. 옛날에는 가장 시청률이 높은 프로그램이 뉴스였다. 그러나 지금은 동물이 나오는 프로그램이다. 인간의 가치가 점점 나락으로 떨어지고 있는 세상이 도래하고 있다는 반증이 아닐까 생각도 해본다. 그만큼 나라 안팎이 시끄럽고 불안하다는 말이리라.

'시끄럽다'는 말은 동의와 합의보다는 이견과 갈등의 표출이 그만큼 심화되고 있다는 의미이고, '불안하다'는 말은 앞으로 어떤 일이 일어날지 가늠하고 예측하는 일이 쉽지 않다는 심리적 반응이다. 학자들은 우리가 당면한 오늘날의 이 혼돈과 불안의 시간을 '불확실성의 시대(The age of Uncertainty)'라고 말하고 있다. 독일의 철학자 니체(Nietzsche)는 "각 시대의 고귀한 정신의 총량에 따라 역사가 좋아지기도 하고, 때로 나빠지기도 한다"고 말했다.

한민족은 개국 이래로 홍익인간(弘益人間) 재세이화(在世理化)의 건국 이념으로 살아왔고, 은연중에 우리 삶 속에 이 정신이 깃들어 있다. 여기서 홍익인간(弘益人間)의 정신은 널리 인간을 이롭게 하여 행복하고 평화로운 세상을 만들어 가는 것이다. 자유민주주의의 꽃이라고 자부해 왔던 미국의 상황을 보면서 '과연 홍익인간의 정신이 이 땅에 실현되고 있는가?' 묻지 않을 수가 없다. 결국 여기서 우리가 생각해 봐야 할 것이 바로 '리더십'이다.

불확실성의 시대에 위기를 해소했던 위대한 지도자들에게는 공통적으로 그 시대 국민의 주요한 불안과 정면으로 대결하려는 마음가짐이 있었고, 그것을 열정적으로 실천했다고 한다. 널리 인간을 기쁘게 하려고 하는 리더십이야말로 지금 시대에 필요한 리더십이 아닐까. 홍희인간(弘喜人間)의 정신, 즉 널리 인간을 기쁘게 하는 리더십이 모든 지도자들이 가져야 할 자세라고 본다.

과거 공포정치를 했던 지도자들이 있었다. 하지만 이제 인터넷 매체의 발달로 인해 모든 정보가 공유되어 공포정치를 통치의 도구로 사용할 수 없다. 결국 그 결말은 '사라짐'이기 때문이다.

우리는 산업의 발달이라는 큰 선물을 받았지만, 그 선물과 함께 환경 재해라고 하는 큰 재앙을 불러왔다. 그 많던 동물과 식물들이 사라지고 있고, 머지않아 인간들 또한 지구에서 사라질지 모른다. 생각하기조차 두려운 그 현상을 막기 위해서라도 지금 널리 인간을 기쁘게 하는 리더십이 필요하다.

새해가 시작된 지 불과 한 달도 되지 않은 시점에서 연초에 등장한 '희망'이라는 단어가 무색하기만 하다. 그러나 인간에게는 공룡이나 코끼리 같은 엄청난 힘을 가진 동물에게 없는 것이 있다. 바로 창조의 영역이다.

여기에서 창조(創造)란 없는 것을 만들어내는 것이 아니라 '우리 내면의 창고에 있는 선한 마음을 꺼내어 잘 다듬어 쓴다'는 의미로 해석해야 옳을 것이다. 인간은 놀이로부터 진화했다고 하는 '호모

루덴스(Homo Ludens)' 이론에서 보듯이, 아무리 어렵고 힘든 상황에서도 우리는 유머를 만들고 놀거리를 만들어내서 그 위기를 극복해 왔다.

홍희인간(弘喜人間)의 정신을 다시 한 번 생각해 볼 때다. 자신의 삶을 사랑하기 위해 나를 기쁘게 만들 것들을 찾아보는 시간이 되었으면 좋겠다.

정서적 파산을
막아라

지구별에서 당신과 함께 행복한 삶을 살 수 있어서 감사했습니다. 다른 별에서 다시 만나 우리 또 행복한 삶을 살 수 있기를 바랍니다.

영화의 한 장면이 절로 떠오를 것 같은 글이다.

봄비가 내리는 아침에 차 한 잔을 마시면서 친구에게 전화를 걸어 안부를 물었는데, 수화기에서 들려오는 목소리는 내가 아침에 들어서는 안 되는 마음 아프고 슬픈 소식이었다. 우리에게 절대 와서는 안 되는 가족의 슬픈 소식이었다. 요즘 우리 주변을 둘러보면 몇 집 걸러 암 환자들이다. 최근 내 주변에서도 많은 사람들이 암이나 우울증으로 인한 각종 질병들로 다른 별로 떠났다.

각종 미디어를 통해 들리는 소식에 의하면, 지구별의 수많은 형제자매들이 눈에 보이지 않는 적들과 싸우고 있다. 바이러스, 공포, 이념, 종교, 사회계층 간의 싸움, 미디어폭력 등등 이루 헤아릴 수 없는 많은 것들과의 전쟁이다.

그런가 하면 인터넷의 발달, 스마트폰 기기의 발달, 인공지능 등의 기술을 개발하여 부를 축적한 몇몇 부자들(여기서 몇몇 부자들이란 지구 약 77억 인구 중 2% 정도에 해당한다고 할 수 있다)은 이미 우주여행이나 다른 행성을 탐사하여 그곳으로 이주하는 계획들을 세워 왔고, 500년 후에 다시 깨어나는 타임캡슐에 들어가기 위해 줄을 서고 있다.

사람들은 물질적인 발전과 부를 축적하는 것이 행복의 가치라고 생각해 왔는데, 요즘의 상황을 보면서 그것이 아니라는 사실을 깨닫고 있다. 물질적인 부는 축적이 되었는데 정서적인 부가 파산 상태에 이른 것이다. 사업은 수입과 지출 중에 수입이 더 많아야 돈을 번다. 우리 삶에서 긍정을 수입으로 부정을 지출로 본다면 쉽게 이해가 갈 것이다.

대니얼 골먼은 『감성지능』이라는 책에서 "20세기 이후 지금의 세계는 우리 부모 세대보다 심각한 우울증에 시달릴 위험이 점점 더 커지고 있다"고 지적했는데, 그 말처럼 현재 10대 청소년의 3분의 1이 우울증에 시달리고 있다. 10대뿐 아니다. 사회 전반에 걸쳐 정서적인 파산이 증가하고 있다. 한동안 세상을 떠들썩하게 했던 'n번방' 사건만 보더라도 우리 사회의 정서적 파산이 얼마나 심각한 수준인가를 알 수 있다.

20세기가 성공을 향한 '불안의 시대'였다면 21세기는 '우울의 시대'라고 할 수 있다. 필자는 "웃음을 잃으면 모든 것을 잃게 된다"고 말해 왔다. 성경의 핵심 가르침인 "기뻐하라, 범사에 감사하라"라는 구절은 우리 삶의 핵심인데, 우리는 이 두 가지 가르침을 잊어가고 있다. 정서적 파산은 우리 삶을 송두리째 잃게 만든다는 사실을 잊지 말자. 정서적 파산을 막기 위해 다음의 세 가지는 꼭 실천해 보면 좋겠다.

1. 하루 3번 감사한 일을 찾아보고 감사하자.
2. 내 주변의 사람들에게 미소 짓고 웃음을 나누자.
3. 즐거움과 삶의 의미를 느낄 수 있는 일을 찾아보자.

어제 어머니 댁에 들러 반찬을 챙겨드리고 건강을 체크해 드렸는데, 어머니께서 심심해서 집 앞 천변에 나가 오전 내내 쑥을 캐셨다고 큰 비닐봉지에 담긴 쑥을 가지고 가라고 하신다. 물론 어머니는 자식에게 그냥 주시는 기쁨이 얼마나 크겠는가? 그러나 어머니께 지갑에 있던 지폐를 몇 장 꺼내 드리면서 "우리 여사님 수고 하셨으니 오늘 이 쑥은 제가 사갈랍니다" 했더니 어머니께서 웃으시면서 좋아하셨다.

집으로 돌아와 쑥을 씻어 끓는 물에 살짝 데친 후 소분하여 냉동실에 다 넣으려다 조금 남겨 두었더니, 아침에 아내가 쑥국을 끓여주었다. 집안에 퍼지는 향긋한 내음이 바로 우리 삶의 향기라는 생각에 감사하고 기쁘다.

내가 사랑하는 모든 사람들이 지구별에서 만나 한 세상 행복하게 살고 있으니 너무 감사합니다. 우리 모두가 이 아름다운 지구별에서 더 오래 행복했으면 좋겠습니다.

코로나 속의
소확행(小確幸)

코로나19 사태로 우리 지구는 강력한 위기를 맞고 있다. 우리의 일상이 송두리째 흔들리고 있고, 많은 사람들이 두려움과 공포로 하루하루를 지내고 있는 현실은 누가 뭐라 할 것도 없이 슬픈 상황이다. 아침에 눈을 뜨면 뉴스에서 나오는 오늘의 확진자 상황에 눈과 귀가 쏠리는 습관이 일상이 되었음은 무의식적으로 손이 가는 리모컨을 보며 느낄 수 있다.

매일 밥상에 함께 앉아 있는 가족을 보며 '우리가 언제 이렇게 자주 함께 밥을 먹었나?' 하는 생각이 들면서, 한편으로는 이렇게 건강하게 서로의 얼굴을 볼 수 있음에 감사했다. 아이들이 하루 세 끼를 집에서 먹으니 20㎏ 쌀 포대가 금방 비워진다.

문득 우리 주변의 작은 것에서 행복을 느껴 보자고 얘기했던 '소확행(小確幸)'이라는 단어가 떠올랐다. 바쁜 일상이지만 순간순간 느끼는 작은 즐거움을 뜻하는 말인데, 작가 무라카미 하루키의 수필집 『랑겔한스 섬의 오후』에서 처음으로 '소확행(小確幸, 작지만 확실한 행복)'이라는 표현을 쓴 데서 유래되었다. 1970~80년대 버블 경제 붕괴로 경제가 침체하며 힘들게 지낸 경험을 토대로, 소소한 행복을 추구하는 심리가 담긴 용어였다.

필자 또한 요즘 사회적 거리두기로 인해 단조로워진 일상에서 소확행을 느껴 본다. 온라인 수업을 준비하거나 그동안 미처 정리하지 못한 자료들을 정리하고 나서 동네 뒷산을 조용히 산책하기도 하고, 바빠서 챙기지 못했던 주변의 지인들에게 안부 문자나 편지를 보내기도 하고, 멀리 사는 고향 친구에게 고향의 들에서 캔 나물과 푸성귀 들을 로컬푸드에서 사서 보내는 즐거움을 경험하고 있다.

최근에는 예전에 살던 담양의 한 조용한 계곡을 찾았다. 내 기억 속에 아주 편안한 곳을 다시 찾아 아지트로 삼아서 힐링할 수 있는 나만의 공간을 만들었다. 1인용 텐트와 혼자 놀거리들을 챙겨 주말이면 가끔 떠나는 것이 작은 즐거움이다.

내 주변의 작은 꽃들, 아이들과 함께하는 된장국 냄새가 나는 아침 밥상, 오래도록 묻혀 있던 바랜 흑백사진, LP판을 들으며 떠올리는 청소년 시절의 추억, 집에서 싼 도시락을 들고 나만의 공간을 찾아 떠나는 작은 소풍, 한가한 시골길 산책 등은 코로나 속에서 찾는 나만의 소확행들이다.

지금 우리가 찾아야 할 행복의 척도는 강도가 아니라 빈도에 있다. 물질적인 풍요도 결국 시간 앞에서 사그라들기 때문에 지금의 일상에서 자주 느낄 수 있는 소소한 기쁨을 찾아 행복을 가까이하는 것이 중요하다.

코로나 시대의 진정한 행복은 생존하는 것이다. 우리의 삶을 지속할 어떤 유인책으로 소소한 행복을 자주 경험함으로써 우울감에서 벗어날 수 있다. 우리 이제 작은 행복을 자주 발견하는 노력을 통해 어려운 코로나 사태를 극복해 가면 어떨까.

홀로 웃는
외로운 웃음의 시대

간혹 고독사에 대한 안타까운 사연들이 신문이나 뉴스에 소개되곤 한다. 외롭게 세상을 등진 사연들을 접하면 '머지않아 혼자서 자신의 삶을 정리해야 하는 시대가 오겠구나' 하는 생각에 마음이 무거워진다.

고대부터 인간은 자신을 위험으로부터 보호하고 좀 더 나은 삶을 위해 가족을 구성하였다. 그 가족 사이에서 사랑을 배웠고, 가족으로 인하여 파생된 친척이라는 관계 속에서 상하좌우 관계를 유지하며 인류는 발전해 왔다. 인간(人間)은 사람(人) 사이(間), 즉 서로의 관계 속에서 살아가는 동물이다.

그러나 인간관계의 가장 기본이라고 할 수 있는 그 '가족'의 의미가 달라지고 있다. 도시 집중화 현상이 두드러지면서 농경사회 중심으로 이루어졌던 가족 중심 사회가 해체되었고, 일가친척의 의미도 쇠퇴기를 맞고 있다. 결혼적령기가 늦어지고, 비혼주의자가 늘고, 반려동물과 함께 사는 현대인들이 늘어나면서 가족은 흩어져 고독한 사회로 진입하게 됐다. 가족이라는 최소의 단위가 동호회라는 이름으로 대체되고, 가족 구성원도 반려동물, 캐릭터, 로봇, 인공지능 등으로 다양화되고 있다.

문화는 사회의 상황에 따라 변해 가는 특징을 가지고 있고, 그 시간이 길어지면 문화는 무의식 속에서 자리를 잡아 결국 시대의 환경과 생활을 바꾸게 된다.

웃음을 연구해 온 필자가 코로나 이후 두드러지게 느끼는 현상은, 마스크가 생활화되기 시작한 2020년부터 웃음지수가 확연히 낮아지고 있다는 점이다. 코로나19로 인하여 사회적 거리두기가 장기화되면서 사람들이 웃지 않으며 사람을 피한다. 모임이나 만남이 줄어들면서 인간 감정 현상의 하나인 웃음이 사라지고, 사람을 상대하기보다는 반려동물과 함께 보내는 시간을 선호한다.

컴퓨터 앞에서 혹은 스마트폰을 들여다보며 혼자 웃는 외로운 웃음이 일상이 되고 있다. 사회는 급격히 '싱글 시대'를 맞이하게 되었다. 만혼, 이혼, 사별 등으로 혼자 살 수밖에 없는 가족 난민들이 대량 생산되고 있다.

이제는 더 이상 외면할 수 없다. 자신을 필요로 하고 소중히 여겨주는 존재인 가족의 개념이 무너지고 있는 사회가 빠르게 도래되고 있다는 현실을 인지하여야 한다. 이에 따라 사회적인 복지 체계 또한 '정상 가족 중심'에서 '개인 중심'으로 수정이 필요한 상황이다. 이제 관청에도 고독사 전담 부서가 생겨야 할 것이고, 장례지도사보다 유품정리사들이 더 많이 생겨야 할 시대가 빠르게 다가오고 있다. 행복이라는 개념도 이제 바뀌어야 한다.

모든 것이 코로나 이전과 이후로 나뉜다는 말이 거짓이기를 바라지만, 우리는 이미 산을 넘어버렸다. 흥부네처럼 배고프지만 웃음이 넘쳐나는 가족을 만나기는 어려울 것 같다. 혼자 사는 집에 무슨 웃음소리가 나겠는가? 홀로 웃는 외로운 웃음의 시대를 살고 있는 우리는 과연 행복의 파랑새를 찾을 수 있을까?

전도몽상(顚倒夢想)과
행복

필자가 이끄는 대학 교양 수업의 첫 번째 과정은 명상이다. 학생들은 지금까지 별로 해본 적이 없는 명상이라는 새로운 문화에 낯설어 한다. 명상 교육의 핵심은, 자신의 호흡을 바라보고 자신의 생각을 조절하여 단순화시키는 작업이다. 인간에게 있어 고통의 시작인 많은 생각들을 하나로 통합해 가는 과정을 통해 진정한 행복을 느끼게 하는 것이다.

결국 우리가 열심히 공부하고, 돈을 벌기 위해 힘들여 일하는 것은 자신의 행복을 위해서일 것이다. 그런데 자기도 모르게 어느 순간 삶이 거꾸로 되어버린다. 인생에 너무 많은 의미를 두니까 의미의 노예가 되어 행복한 삶을 살지 못하는 것이다.

사람들의 편리한 소통을 위하여 만들어진 돈에 너무 집착하다 보니 오히려 돈의 노예가 되어버리고, 몸을 보호하기 위하여 입는 옷인데 오히려 자신이 옷을 보호해야 하는 상황이 되어버리고, 살기 위한 집인데 집안에 둔 귀중품 탓에 사람이 집을 지켜야 하고, 집을 지키기 위해 많은 비용을 지출한다. 바로 이런 현상을 '전도몽상(顚倒夢想)'이라고 한다.

전도(顚倒)는 모든 사물을 바르게 보지 못하고 거꾸로 보는 것이고, 몽상(夢想)은 헛된 꿈을 꾸고 있으면서 그것이 꿈인 줄 모르고 현실로 착각하는 것이다. 우리는 주변에서 이러한 현상들을 자주 보게 된다.

주변에 너무 많은 것들을 두다 보니 다 써보지도 못하고 죽어가는 사람들, 행복을 곁에 두고도 다른 곳을 찾아 헤매다 삶에 일찍 지쳐버린 사람들… 사랑할 수 있는 시간이 얼마 남지 않았단 사실을 알고도 자신의 곁에 있는 이들을 사랑하지 못하는 사람들이 있다.

벌어 놓은 재산을 정작 써보지도 못하고 죽는 바람에 자식들까지 재산 싸움으로 갈라서게 만든다면, 과연 그 부모들이 현명하고 자식들은 행복하다고 할 수 있을까? 머리로 계산기만 두드리다 끝내 찾아온 귀한 기회를 날려버리는 모습들을 보면서, 이 모든 전도몽상에 헤매는 삶의 모습들이 바로 우리 자신은 아닐지 생각해 본다.

많은 현자들은 "지금이라는 소중한 보물을 잘 느끼고 살라"고 조언한다. 모든 실제 하는 것들을 바로 보는 자신의 안목을 키워야 한다.

돈이면 다 된다는 잘못된 생각으로 타인을 함부로 대하여 수많은 상처를 주고, 모든 것을 대물림하며 자기 가족들만의 영화를 바라는 사람들이 있다. 그러나 자신의 위치가 중요한 자리에 오를수록 아첨하는 자들보다는 현명한 현인을 가까이에 두어 자신이 보지 못하는 모습들에 귀 기울여야 한다. 남의 눈에 눈물 나게 하면 반드시 그 대가를 치른다는 것을 명심하자.

악마의 속삭임 같은 안일함으로 자신의 눈을 멀게 하지 말자. 행복은 지금을 바로 보는 눈에서 시작된다. 자신이 흘린 피와 땀과 눈물만이 진정한 가치를 지닌다는 사실을 깨달아야 한다.

마음의 눈으로
보는 웃음

사람의 인연이라는 것이 참 묘하다. 주말 이른 아침, 부산에 가기 위해 버스에 몸을 실었다. 맨 앞줄에 앉아서 신문을 읽고 있었는데 어떤 아저씨께서 큰 목소리로 노부부에게 자리를 안내하고는 "형님! 형수님! 부산까지 잘 가시고, 부산에 도착하시면 조카가 버스 터미널에 나올 겁니다. 술 많이 잡수지 말고 잘 댕겨 오세요." 당부까지 하시며 버스에서 내려가셨다.

뒤를 돌아보니 아뿔싸, 두 분은 시각 장애인이셨다. 손에 가방을 든 채 어찌할 바를 모르고 계셨다. 얼른 일어나 어르신들에게 도와드리겠다고 말씀 드리고 가방을 선반 위에 올려드리면서 혹시 화장실 갈 일이 있으시면 안내해 드릴 테니 걱정 말고 편안하게 부산까지 가시자고 말했다.

고속버스는 출발했고, 통화 내용을 들으니 아주머니의 노모께서 돌아가셔서 부산에 있는 요양병원 장례식장을 가시는 길이었고, 아버지 술 조금만 잡수게 하시라고 자식이 당부하는 듯했다. 부산에 도착해서는 승객들이 모두 내리길 기다렸다가 두 분을 안내해 드렸다.

손을 잡고 대합실까지 걸어가는데, 아주머니께서 "아저씨는 누구신데 이렇게 우리를 친절히 안내해 주시나?" 하고 물었다. 그래서 학교에서 학생들 가르치는 사람이라고 하니, 아주머니께서 "근데 어디서 많이 뵌 분 같아요?" 하시는 거다. 깜짝 놀랐다. 시각 장애인이신데 나를 어디서 봤단 말인가? 그래서 웃으면서 "제가 웃음박사입니다. 하하하하, 이런 거 하는 사람입니다." 그랬더니, 아주머니께서 "우리 장애인복지관에서 뵌 것 같아요." 하신다. 아저씨에게도 '작년에 우리 복지관에서 강의하신 분'이라고 설명하니, 아저씨도 "아~ 그 양반이여? 어쩐지 겁나게 친절하구먼." 하신다.

대합실에 도착해 명함을 드리면서 "혹시라도 사람을 못 만나면 누구한테든지 이 명함으로 전화해 달라고 하세요. 제가 최대한 빨리 와서 도와드릴게요." 했더니 연신 고맙다 말씀하신다. 어르신들과 헤어져 택시에서 가만히 생각해 보니, 작년에 〈시각 장애인을 위한 웃음 치료〉 강의 장면들이 생각났다. 그분들에게 웃음 치료를 해드린 것이 아니라 나 자신이 치료를 받았던 특별한 기억 때문이다.

시각 장애인 분들에게 내가 웃는 모습이 어찌 보이랴 생각했건만, 그때 한 어르신께서 "선생님! 우리는 마음으로 다 봐요, 걱정 말고 강의 열심히 하세요!"라고 말씀하셔서 깜짝 놀랐다. 아니나 다를까, 자원봉사자들보다도 시각 장애인들께서 훨씬 잘 웃었고, 오히려 마음의 눈으로 나의 마음을 다 들여다보고 계신 것 같았다.

강의가 끝나고 친구와 가족들에게 자랑하신다고 사진도 찍고, 모두들 기분 좋은 하루였다고 하시면서 돌아가셨다. 옷을 갈아입고 있는데 어떤 청년이 나를 꼭 만나고 가야 된다며 기다린다고 해서 다시 강의실로 갔다. 덩치가 큰 청년이 나에게 손을 내밀어 악수를 청하면서 하는 말이 "웃음박사님, 제가요, 평소에도 매일 행복한데요, 오늘 박사님 강의를 듣고 더 많이 행복해서 꼭 감사의 인사를 드리려고 기다렸어요." 하는 것이다. 같이 사진도 찍고 다음에 또 꼭 보자고 인사를 하며 헤어졌다.

운전을 하면서 집으로 돌아오는데 갑자기 하늘에서 눈이 내렸고, 내 두 눈에서 눈물이 하염없이 흘러내렸다. 어쩌면 그 청년이 나보다 훨씬 행복한지 모른다. 앞이 보이지 않으면서도 매일 행복하게 산다는 그 청년을 생각하며, 나는 두 눈 버젓이 뜨고도 뭐가 부족해서 투덜거리며 살았을까 싶은 마음에 부끄러웠다. 청년에게 받은 고맙다는 인사는 오히려 내가 그 청년에게 해야 할 말이었다.

마음의 눈으로 세상을 바라본다는 말이 얼마나 아름다운가. 두 눈을 뜨고 사는 것도 감사한 일이지만 마음의 눈으로 볼 수 있는 것에 감사하다는, 세상을 대하는 그들의 마음이 눈물겹게 아름답고 따뜻했다.

'내 탓이오' 하고 웃자

　라디오 방송에서 차량 뒷면 유리에 붙이는 스티커 문구에 관한 이야기가 흘러 나왔다. 재미있는 문구도 있는 반면 섬뜩한 문구들도 더러 보여서 그런 스티커는 자제해 주었으면 좋겠다는 내용이었다.

　1990년대 고 김수환 추기경께서 서울 교구장이었던 시절, 천주교 신자들은 자동차 뒷면에 '내 탓이오'라는 스티커를 붙이고 다녔었다. 당시 자동차 할부문화가 정착이 되면서 누구나 쉽게 자동차를 살 수 있게 되어 자가용이 빠른 속도로 늘어나고 있었다. 끼어들기와 신호 위반이 횡행하여 차를 세워 놓고 길거리에서 언쟁하는 일도 많았다. 이때 천주교 전국 평신도 사도직 협의회에서 '내 탓이오' 캠페인을 벌여 사회적으로 큰 반향을 일으켰다. '내 탓이오' 글 옆에

'신뢰 회복'이라는 글귀가 작게 새겨져 있어 그 시대의 사회상을 엿볼 수 있었다.

1990년대 초에 스마트폰이 상용화가 되고 인터넷 댓글문화가 생기면서부터 '내 탓이오'라는 신뢰 회복 운동은 멀어져 가고 '네 탓이오' 문화로 변질되기 시작했다. 얼굴이 보이지 않는 상황에서 아직도 많은 사람들은 남을 쉽게 헐뜯고 서슴없이 욕을 한다.

공자는 "군자는 잘못을 나에게서 찾고, 소인은 잘못을 남에게서 찾는다"고 했고, "활쏘기는 군자와 같은 것이 있으니, 정곡(正鵠, 과녁의 중앙 또는 핵심)을 잃으면 돌이켜 자신의 몸에서 잘못을 구하는 것이다."라고도 했다. 그래서 사람다운 사람은 모든 원인을 자신에게서 찾는다.

필자는 학생들에게 수업시간에 명상하는 이유에 대해 설명하면서 자신의 내면을 바라보는 일을 게을리 하지 말라고 당부한다. 이 세상의 모든 일들을 가만히 들여다보면, 남의 탓을 하기보다는 자신의 잘못을 되돌아봐야 할 때가 더 많다.

얼마 전 부산에 사는 남성 한 분이 유튜브 영상에서 필자의 강연을 보고 상담해 왔다. 그는 우울증에 시달리고 자살 시도까지 하는 등 일상생활이 어렵다고 했다. 그리고는 그 이유를 친구와 아내의 탓으로 돌렸다. 친구에게 돈을 투자했으나 돈을 날렸고, 아내를 잘못 만나 이 모양 이 꼴이 되었다며 그들을 미워하는 마음이 너무 컸다. 그의 얼굴엔 웃음이 사라지고, 세상 사람들을 의심하는 버릇이 생기고, 정신적으로 버티기 힘든 상황이었다.

그러나 사실 그의 이 모든 상황은 자신이 초래한 것일 뿐이다. 친구에게 돈을 투자해 날린 것도 자신이 쉽게 돈을 벌려는 욕심에 무리해서 생긴 일이고, 아내가 원래부터 나쁜 사람이었던 것이 아니라 그의 반복적인 잘못된 행동이 착한 아내를 떠나게 만든 것이었다. 자기중심적이고 스스로에게 솔직하지 못했던 그는, 그 모든 결과를 남 탓으로만 돌리며 자기 자신은 꽁꽁 싸맨 채 세상과의 단절을 택한 것이었다.

세상 모든 일은 거울과 같아서 자신이 어떻게 생각하고 행동하느냐에 따라 달라진다. 우선은 그에게 현실을 인식시킬 필요가 있었다. 그런 다음 스스로를 돌아볼 시간을 갖게 하고, 내면의 소리에 귀를 기울이도록 충고했다. 세 번의 통화 끝에 그는 깊이 뉘우치고 "제 탓입니다"라면서 자신을 되돌아보며 웃으면서 살겠다고 약속했다.

어떤 잘못된 상황이 생긴다면 '내 탓이오'라고 속으로 세 번만 말해 보자. 참을 인(忍) 자가 세 번이면 살인도 피할 수 있다고 하지 않는가. 여러분이 웃음을 잃었다면 그것도 '내 탓이오'.

마음에
백신을 놓아라

지인들이 가끔 SNS로 보내는 사진이 하나 있는데, 흰색 고무신이다. 이름 하여 '백신'이다. 코로나19는 우리에게 죽음에 대한 공포와 신체적인 고통을 안겨주기 때문에 사람들은 두려움에 떨고 있고, 인간이 수백 년간 살아온 생활의 방식마저 뒤바꿔 놓고 있다. 외국에 있는 지인들 중 하나가 코로나19에 걸려 엄청난 고통을 겪고 살아나왔다고 그 소회를 털어놓는데, 듣는 필자도 소름이 돋을 지경이었다.

의료 환경이 좋지 않은 후진국의 경우 그 심각성은 말로 할 수 없다고 하니, 그 두려움은 상상을 뛰어넘는다. 선진국이라고 하는 미국의 경우도 늘어나는 환자를 감당해 내지 못하는 의료 시스템의

붕괴와 정치적 혼란으로 인해 교포들의 고통은 날로 심각해지고 있다고 SNS를 통해 전해 듣고 있다. 코로나 바이러스는 우리의 눈에 보이지 않고 변이를 거듭하기 때문에 그 위험성이 크다.

인간이 하는 큰 착각 중에 하나가 자신은 죽지 않는다는 것이고, 자신은 코로나에 안 걸릴 거라는 안일한 생각이다. 그건 어쩔 수 없는 것 같다. 만약 내가 죽는다는 사실을 깨달으며 매순간을 살아간다면 아마 성인의 경지에 오를 것이다.

백신은 예방약이다. 물론 감기 예방주사를 맞는다고 감기에 안 걸리는 것은 아니다. 마찬가지로 코로나 백신을 맞아도 자신이 어떤 마음가짐으로 사느냐에 따라 그 결과는 달라질 것이다.

코로나19로 인하여 필자는 갑작스럽게 홀로 있는 시간이 많아졌다. 사실 많은 대중들을 만나 강연하고 교육하는 것이 나의 일상이었는데, 극도의 고독 속에서 홀로 지낸다는 것이 처음에는 큰 불안감이었고 공포였다. 그렇지만 받아들여야만 하는 것이 현실이라면 받아들여야겠다는 마음이 생겼고, 학생들에게 수업시간에 가르쳤던 명상법을 되새기면서 수련을 했다.

'알아차리고 흘려보내고 집중하라!'

끊임없이 호흡에 집중하면서 우리 삶은 '호흡지간(呼吸之間, 한 번 내쉬고 들이쉬고 할 사이라는 뜻으로, 아주 짧은 시간을 이르는 말)'이라는 사실을 깨닫게 되었다.

이해인 수녀님께서 암의 고통을 이겨내는 방법 중에 "고통을 끊임없이 바라보다 보면 그 고통 또한 사라진다"고 하신 말씀이 기억난다. 지금의 우리가 당면하고 있는 고통을 외면하지 말고 오히려 끊임없이 바라봐야 한다.

지금 우리는 나 아닌 다른 이의 삶에 너무 관심이 많다. 특히 SNS를 하다 보면 나 아닌 타인의 삶을 들여다보는 일에 너무 많은 시간을 허비한다. 누구와 밥을 먹고, 누구를 만나고, 어디를 갔었고 등 자신의 행위를 일일이 보고하거나 '좋아요'와 '댓글'을 다느라 진정 나 자신을 보살필 시간이 없다. 최근에 유명 유튜버도 타인의 댓글로 인한 고통을 이겨내지 못하고 자살로 생을 마감했다고 들었다.

코로나 바이러스는 눈에 보이지 않는 마음과 같다고 생각한다. 그 눈에 보이지 않는 마음에 백신을 놓아야 한다.

"지금 나 자신이 어디에 있고, 지금 내가 원하는 행복한 삶은 무엇인가?"

묻고 답하기를 수없이 반복하며 더 큰 마음의 병을 치유해야 한다. 자본주의 사회이기에 벗어나기 쉽지 않은 물질에 대한 욕심과 본능은, 나 자신을 삶의 수행자가 아닌 삶의 소비자로 전락시켜버린다. 사회적 거리두기를 통해 생긴 혼자만의 시간을 통해 나 자신을 만나는 시간을 늘려보고, 자신이 진정 원하고 말하고자 하는 메시지가 무엇인지 내면의 소리에 귀를 기울여보자.

그 답은 외부세계가 아니라 오로지 자신 안에 있음을 기억하자. 코로나 이후의 세상은 이미 그전에 준비되어 왔던 세상의 변화일 뿐이라는 것을 알아차리자. 로봇과 AI가 우리의 노동력을 대신할 때 우리는 스스로가 행복해지기 위한 마음의 준비를 해야 한다. 그 준비가 바로 우리 마음에 백신을 맞는 것이다. 주삿바늘이 피부를 통과할 때 살짝 아프겠지만 말이다.

웃음운동으로
동방의 등불이 되자

얼마 전 광주 지역 경영자들의 한 모임인 금요조찬포럼에서 강연을 하게 되었다. 이 조찬 모임은 우리나라 경영자 조찬포럼 중 가장 오래되고 권위를 인정받는 오피니언 리더들의 모임으로 정평이 나 있다. 한마디로 광주 정신을 보여주는 조찬포럼이라고 할 수 있다. 매주 금요일에 조찬포럼을 하는데, 필자가 1,429회차에 강연을 했으니 어림잡아 30년의 세월을 변함없이 강연회를 열어 지역의 발전을 위해 노력해 온 것이다. 오는 강사마다 놀라는 대단한 기록이 아닐 수 없다.

필자는 이미 13년 전 802회차 강사로 초청된 후 특이하게 두 번의 강연을 하게 된 것이다. 이번 강연은 필자에게도 매우 의미가 있었지만 한편으로는 심적으로 부담이 되는 강연이었다. 원래 예수님, 석가모니도 자신의 고향에서는 환대받지 못했다고 하지 않는가. 강연회를 마치고 나오는데, 그동안의 지나온 시간들이 뇌리를 스쳐 지나갔다.

웃음 강연을 시작한 후 필자는 두 가지의 범국민운동을 펼쳐 왔다. 그 하나는 〈요람에서 무덤까지 0100 범국민 웃음운동〉이었고, 또 하나는 〈범국민 웃음생명운동〉이다. 0세부터 100세까지 웃는 세상을 만들고, 모든 국민이 웃음으로 생명을 살리는 나라를 만들어 가자는 취지의 웃음운동이다. 필자가 이러한 범국민운동을 전개해 올 수 있었던 동기부여는 바로 '흥사단'을 조직하신 도산 안창호 선생 덕분이다.

"왜 우리나라는 이렇게 차오? 서로 사랑하는 마음으로 '빙그레' 웃는 세상을 만들어야 하겠소."

일제강점기 암울했던 시절. 도산 안창호 선생은 '화기(和氣) 있고 온기(溫氣) 있는 민족', 즉 서로 사랑하는 마음으로 '빙그레' 웃는 세상을 만들기 위해 노력했다.

청일전쟁을 피해 고향을 떠난 안창호 선생은, 서울 정동거리에서 무료로 공부를 가르쳐준다면서 학생을 모집하는 선교사 밀러(Frederick Scheiblim Miller)를 만난다. 그의 권유로 구세학당(救世學堂, 언더우드학당)에 입학하게 되고, 신학문은 그의 인생관과 세계관에 많은 변화를 가져왔다.

안창호 선생은 웃음을 통해 서로 사랑하는 마음을 갖고 민족의 자긍심을 일깨우기 위해 미소운동을 펼치기 시작한다. '어린이는 방그레, 노인들은 벙그레, 청년들은 빙그레'라는 글귀로 나라 잃은 민족에게 마음속의 희망을 만들어주셨다.

해방 직후 춘원 이광수가 집필한 『도산 안창호』를 보아도 안창호 선생이 미소운동에 얼마나 공을 들였는지를 알 수 있다.

"도산은 우리나라를 사랑의 나라, 미소의 나라로 만들고 싶어 하였다. 그렇게 하기 위해서는 자신이 사랑과 미소를 공부하고, 또 동지들에게 사랑과 미소 공부를 권면하였다. '훈훈한 마음, 빙그레 웃는 낯', 이것이 도산이 그리는 새 민족의 모습이었다. 백 년이 되거나 천 년이 되거나, 이 모습을 완성하자는 것이 도산의 민족 운동의 이상이었다."

안창호 선생은 또한 비밀 항일단체인 '신민회', '흥사단' 등을 결성하여 국권 회복의 길을 개척해 나갔으며, 독립운동과 교육운동 그리고 대한민국 임시정부를 견고히 다지기 위한 일을 지속적으로 이어갔다. 1937년 '동우회' 사건으로 고초를 겪던 중 병보석으로 풀려났지만, 결국 1937년 3월 10일을 일기로 서거했다.

세월이 흘러도 안창호 선생의 웃음운동 정신은 이어지고 있다. 아무리 어려운 상황에 닥치더라도 웃으면 웃을 일이 생긴다. 사랑과 미소가 흐르는 아름다운 대한민국을 만들기 위해 애쓰셨던 안창호 선생의 정신을 이어받아 100년이 지난 지금도 계속되는 웃음운동에는 그 어떤 이유가 없다. 인도의 시인 타고르의 시가 떠오른다.

> 일찍이 아시아의 황금시대에
> 빛나던 등불의 하나인 코리아,
> 그 등불 한 번 다시 켜지는 날에
> 너는 동방의 찬란한 빛이 되리라.

우리 국민 모두가 서로 손을 잡고 웃는 그날, 대한민국은 세계의 정신적 중심이 되는 나라가 될 것이다. 후대에게 물려줄 소중한 보물인 웃음. 웃어라, 그러면 우리는 세상의 등불이 될 것이다.

미세먼지로 인한 우울증,
웃음으로 날리자

우리 생활 속에서 이제 '미세먼지'라는 단어는 기상예보에서 "구름이 끼겠습니다"라는 문구만큼이나 자주 등장한다. 3월은 특히 미세먼지가 극성을 부리고, 기상센터에서는 "오늘은 초미세먼지가 '보통'으로 좀 나아져 맑은 하늘을 볼 수 있겠습니다"라고 방송을 한다.

미세먼지로 인해 무력감과 짜증, 우울을 느끼는 사람들이 많다. 특히 아이들을 키우는 부모님이나 임신을 한 여성, 노인들에게는 더없이 큰 스트레스가 아닐 수 없다. 미세먼지가 몸속에 들어오면 혈액을 통해 뇌로 전달되어 염증 반응을 유발할 수 있고, 세로토닌 호르몬의 분비를 방해해서 기분을 더 우울하게 만든다. 미세먼지로 인해 삶의 질이 떨어지고 우울증에 시달리게 되었다.

미세먼지가 우울증을 불러일으키는 가장 큰 이유는 일조량의 감소 때문이다. 일조량의 감소는 멜라토닌과 세로토닌 같은 긍정적인 기분을 촉진하는 호르몬의 분출을 저해하고, 비타민 D의 양이 부족해져 면역력을 떨어뜨린다. 그래서 여름보다 겨울에 우울증으로 병원을 찾는 사람이 많다고 한다.

그러나 이제는 사계절 내내 미세먼지 때문에 우울감을 떨쳐버릴 수가 없게 되었다. 바야흐로 봄이 왔는데 봄나들이 산책을 나가고 싶은 마음을 아는지 모르는지 미세먼지는 파란 하늘을 보여줄 기미가 없다. 특히 어린이들이 밖에서 뛰어놀지 못하면서 생기는 여러 가지 문제들이 안타깝기만 하다.

사람은 기본적으로 숨을 쉬어야 살 수 있다. 그런데 호흡기에 문제가 생기고 햇빛을 자주 볼 수 없어 생기는 우울감 때문에 정신적인 불안감이 더욱 커지고 있는 것이다.

이럴 때일수록 실내의 조명을 더 밝게 하는 것이 기분을 좋게 만드는 데 도움이 된다. 규칙적인 실내 운동 또한 우리 몸속의 면역력을 높여줌으로써 엔도르핀을 비롯한 기분 좋은 호르몬을 더 많이 만들어내는 데 도움이 된다. 특히 웃음은 최고의 항우울제라고 할 만하다.

언어적으로 웃음의 고어는 '웃숨'이라고 한다. 배꼽에서 우러나

오는 '웃숨'은 그 호흡 자체가 몸속의 독소를 우리 몸 밖으로 빼내는 역할을 하기 때문에 호흡 작용에도 도움을 주고, 뇌의 긍정적인 작용을 한다.

인간은 어머니 뱃속에 있을 때는 탯줄로 호흡을 하고 어린 시절에는 아랫배로 호흡을 한다. 나이가 들면서 가슴으로 호흡을 하고 그 숨이 목으로 넘어가면 목숨을 다하게 된다. 그런데 이런 숨 중에 가장 좋은 숨이 바로 '웃숨'인 것이다.

미세먼지로 인한 우울한 마음을 치유할 수 있는 좋은 방법인 웃음을 가까이 하자. 인간은 가장 힘든 상황에서 유머를 만들었고, 유머를 통해 웃음으로써 긴장감을 해소해 왔다. 비록 여러 환경적 상황이 좋지는 않지만 우리에게는 '희망'이 있다. 주변의 환경을 좀 더잘 챙겨보며 웃음을 나누는 마음을 가져보자.

웃음이 생명을 살린다.

남도문화,
그 웃음의 뜰을 거닐며

기나긴 여름도 이제 한풀 꺾여 조석(朝夕)으로 부는 바람이 제법 선선해서 이불을 덮어야 할 때도 있다. 집 앞 대밭에서 부는 댓잎 소리도 이제 제법 운율을 타고 스산하게 불어댄다. 올여름 많은 남도의 축제들은 무더운 날씨에 고전을 면치 못했다는 얘기가 많이 들린다. 거기에다 태풍까지 지나가니 농민들과 어민들의 한숨소리에 땅이 꺼질 지경이다. 그래도 우리 남도의 바다와 들녘은 하늘의 도움으로 가을을 준비하고 있다.

엊그제 방송 촬영이 있어 담양의 가사문학관 근처를 찾았다. 광주호 주변에는 명옥헌, 소쇄원, 송강정, 식영정, 독수정 등 10여 개가 넘는 정자들이 있는데, 주변의 노송(老松)과 백일홍이 잘 어우러져 시 한수가 절로 나올 듯했다. 필자가 연애를 하던 25여 년 전에 식영정에 올랐을 때가 기억이 났다.

지금의 아내가 그림을 그린다고 찾은 그곳에 나이 지긋하신 어르신께서 시조를 읊고 계시는데 참 멋져 보였다. 한참을 듣다가 "어르신, 참 잘 들었습니다. 제가 답가로 판소리 한 대목 불러 들려도 될까요?" 했더니 젊은이가 그런 걸 어떻게 할 줄 아느냐고 깜짝 놀라셨다. 그때 한참 판소리를 배우던 터라서 자랑도 할 겸 단가(短歌)인 〈사철가〉를 불러 드렸더니, 매우 기뻐하시면서 아내에게 이런 젊은이 만나기 어려우니 꼭 붙잡으라고 응원을 해주셨다.

담양의 정자들은 오래전부터 자주 다니던 곳이라서 평안한 마음에 부채를 들고 잠시 쉬면서 눈을 감으니, 조선시대 이 정자에서 시를 짓고 시조를 읊으셨던 송강(松江) 정철(鄭澈) 선생이 떠올랐다. 정철 선생께서는 1588년에 동인과 서인의 정치적 파벌싸움으로 인해 조정에서 물러난 후 고향인 창평으로 내려와 은거생활을 하며 그 유명한 〈사미인곡〉을 지었다. 이곳에서 많은 가사문학의 꽃을 피웠으며 주변의 문인들과 왕래를 하였고, 술과 친구를 좋아하여 왕이 걱정할 정도였다고 한다.

유머와 웃음은 인간이 가장 인간다운 면모를 가질 때 나오는 것이다. 어렵고 힘든 상황에서도 시나 시조로 자신의 마음을 표현하고, 그 표현이 상상을 뛰어넘는 아름다움으로 승화되는 이야기가 바로 정철(鄭澈)과 진옥(眞玉)이라는 기생과의 이야기일 것이다.

외롭고 쓸쓸한 귀양살이 중에 찾아온 기생 진옥을 보고 정철이 시 한 수를 읊는다.

옥이 옥이라커늘

번옥(燔玉)으로만 여겼더니

이제야 보아하니 진옥(眞玉)이 분명하다

내게 살 송곳 있으니 뚫어볼까 하노라

지체 없이 진옥이 화답한다.

철(鐵)이 철(鐵)이라커늘

섭철(攝鐵)로만 여겼더니

이제야 보아하니 정철(正鐵)이 분명하다

내게 골풀무 있으니 녹여볼까 하노라

누가 이 두 사람의 노래를 저급한 노래라고 할 것인가?

겉으로 본다면 이 글은 분명 저급하다. 그러나 한 시대를 풍미한 대 정치가이며 대 문장가다운 면모를 볼 수 있는 노래는 많은 이들로 하여금 사랑을 다시 생각하게 만드는 명시로 평가받고 있다.

우리 남도에는 시대적이고 정치적인 이유로 많은 정치가들이 유배를 왔다. 그들이 남겨 놓은 수많은 문학 작품들은 지금을 살아가는 현대인들의 삶의 지표가 되고 있다. 소쇄원의 아름다운 정원에서 한여름에도 갓 쓰고 도포 입은 선비들이 가야금에 시조를 읊고 거문고 소리에 춤을 추었을 것이다. 그 속에서 웃음과 삶의 여유가 있었을 것이다.

　남도의 구석구석에는 이런 웃음의 흔적들이 많이 있다. 그 속에서 피어난 문화의 꽃들을 찾아내는 것도 후대의 우리가 해야 할 일 아닐까. 남도, 그 웃음의 뜰을 거닐고 싶다.

10대들에게
웃음을 돌려주세요

인생에서 가장 중요한 과도기를 겪는 10대. 초등학교 고학년부터 고등학교 3학년까지 무려 10년이라는 세월이며, 인생에서 가장 소중한 시기다. 바로 이 10대가 어른들에게 경고를 하고 나섰다. 기후변화 대응 따위는 나 몰라라 하던 트럼프 전 미국 대통령도 '유엔 기후행동 정상회의'에 깜짝 참석시킬 만큼 10대들이 목소리를 내기 시작했다. 스웨덴의 16세 환경운동가 그레타 툰베리 등이 촉발한 세계 곳곳의 기후변화 대응 목소리가 트럼프를 결국 회의장으로 불러낸 것이다.

안토니우 구테흐스 유엔 사무총장은 해수면 상승과 기상 이변들을 쭉 거론하면서 "전 세계에서 분노한 자연이 반격을 하고 있다"라고 말했다. 최근에 필자가 본 자연 다큐멘터리에서도 북극의 얼음이 힘없이 무너져 내리는 장면이나 북극의 곰이 굶어죽어 가는 장면들은 소름 끼치도록 무섭게 느껴졌다. 지금 우리가 삶의 방식을 바꾸지 않으면 지구 전체의 삶 자체가 위태로워질 것이다.

지금 유엔에서는 2050년까지 탄소중립을 이루기 위해 세계 모든 나라가 노력해야 한다고 주장하고 있다. 프란치스코 교황도 영상 메시지를 보내 "문명의 도전에 직면해 있다"고 하면서 "지구가 고통받고 있지만 기회의 창은 여전히 열려 있다"며 각국의 적극적인 대응을 촉구했다.

이날 행사에서 '지구를 위한 10대들의 대변인'으로 떠오른 그레타 툰베리는 세계 정상들을 향해 "미래 세대의 눈이 여러분들을 향하고 있다"며 "여러분이 우리를 저버린다면 용서하지 않을 것"이라고 경고했다.

10대들은 우리가 생각하는만큼 어린아이가 아니다. 수많은 정보를 우리보다 더 빨리 접하고 흡수한다. 초등학생이 고3보다 학원에서 보내는 시간이 더 많고, 10대들의 사망률 4위가 바로 고의적 자해(자살)라는 사실이 안타깝기만 하다.

10대들이 웃음을 잃어 가고 있다. 초등학교부터 10여 년 동안 입시지옥으로 내몰린 아이들은 마음껏 웃을 수 있는 공간도 없다. 고작 스마트폰으로 웹툰을 보면서 혼자서 킥킥거리거나 게임을 즐길 뿐이다. 청소년들을 위한 다양한 프로그램이 개발되어야 한다. 필자 또한 석사 과정을 공부하던 때 〈청소년 어울마당〉이라는 프로그램을 진행해 본 경험이 있지만, 시간이 갈수록 자연에서 멀어지고 있단 사실을 절감했을 뿐이다.

선거권이 없는 10대들은 그들의 목소리를 내기가 쉽지 않다. 그러나 우리도 경험했듯이 자유 발랄하게 어깨동무하고 웃으면서 인간관계를 맺어야 할 우리 아이들이, 얼굴도 모르고 한 번도 만난 적 없는 사이버 세상의 친구에게 자신의 고민을 털어놓고 있다. 요즘 스마트폰과 대화하는 '포노 사피엔스'족이 늘어나고 있다고 한다. 인공지능 친구는 아빠처럼 화내지도 않으며 엄마처럼 다그치지도 않는다. 가상 세계와 현실 세계의 경계 속에서 우리는 무엇을 지켜나가야 할까?

우리의 미래는 10대 아이들에게 있다. 그들에게 웃음을 줄 수 있는 환경을 만드는 데 총력을 기울여야 한다. 학교에서 아이들의 웃음소리가 사라지고 있다는 사실은, 우리의 미래를 지금이라는 관점에서 보더라도 확연히 들여다볼 수 있다. 그들이 우리에게 경고한다. "미래 세대의 눈이 여러분들을 향하고 있습니다. 여러분이 우리를 저버린다면 용서하지 않을 것"이라고.

웃음문화를 통한
글로벌 한국을 만들자

글로벌 시대를 살다 보니 세계 여러 나라를 쉽게 여행하게 되고, 가까운 아시아권을 자주 드나들게 된다. 이제는 스마트폰이 있어 웬만한 언어들은 즉석에서 번역이 가능하고 소리까지 들려준다. 또한 스마트폰 앱만 잘 활용하면 목적지를 찾아가는 데 아무 문제가 없고, 교통수단도 편리하게 이용할 수 있다.

얼마 전 '세계 인구의 날'이었다. 인구 문제에 대한 관심을 높이기 위해 국제연합개발계획(UNDP)이 지정한 세계 기념일이다. 세계 인구가 50억 명을 넘은 1987년 7월 11일을 기념하여 제정되었다고 한다. 한국은 저출산으로 인한 인구 불균형 문제에 관심을 기울이기 위해 2011년 7월 11일을 '인구의 날'로 정하고, 출산 장려 등을 위한 기념행사를 펼치고 있다.

지방의 한 자치단체에서 '세계 인구의 날'을 기념한 기념식과 다양한 행사를 가졌는데, 〈행복한 가정을 위한 웃음〉이라는 주제로 강연할 기회가 있었다. 다양한 국가에서 한국으로 이민을 오거나 결혼으로 인한 다문화 가정들이 많아서, 강연은 청중의 수준에 맞추어 잘 알아들을 수 있도록 천천히 진행하였다.

평소와 다른 진행에 신경을 썼건만 너무 다행인 것이 웃음소리는 모두가 하나로 들렸다. 게다가 당신들의 아이들이 앞으로 나와 웃음장기자랑을 할 때는 너나 할 것 없이 카메라의 셔터를 눌러대고 동영상을 찍느라 바빴다. 자식들의 웃는 모습이 최고의 선물이며 이 세상 무엇보다 소중하단 사실은 나라나 문화를 뛰어넘는 것인데, 괜한 걱정을 한 것 같다.

"이제 우리는 글로벌 시대에 살고 있습니다. 한국을 찾은 외국인들에게 먼저 웃어주고, 미소 지으며 말을 건넨다면 얼마나 좋은 세상이 되겠습니까! 그러기 위해서는 외국인들보다는 우리 한국인들이 더 많이 웃음을 연습해야 됩니다."

내 말에 다문화 가정의 여성들이 박수를 쳤다. 시어머니, 남편이 너무 웃지 않아 무섭다는 것이다. 내심 미안한 생각이 들었고 반성을 해야 한다는 생각도 했다.

전남의 인구는 갈수록 줄어들고 있다. 이런 현실 속에서 각 지방

자치단체는 인구를 늘리기 위한 다양한 정책들을 내놓고 있지만, 실패한 인구정책으로 인한 상황을 갑자기 바꿀 수는 없다고 본다. 그보다는 오히려 다른 나라의 문화를 이해하고 배려하는 국민적인 교육이 다양하게 이루어져야 하지 않을까.

언론에서 자주 만나는 낯부끄러운 우리나라 남성들의 폭력 사건들을 접하다 보면, 급속한 경제 성장으로 인한 인성 교육의 부재 현상이 엄청난 심리적·경제적 피해로 다시 돌아온다는 사실을 인식하지 않을 수 없다. 깨어 있는 의식으로 평화, 사랑, 배려, 이성과 같은 선진화된 의식을 지녀야 한다. 가정에서부터 사랑을 느껴야 한다. 부부가 서로 배려하고 웃으면서 사는 행복한 모습을 아이들에게 보여주어야 한다.

요즘 사회는 괴롭힘, 갑질문화, 폭력 등 선진사회로 나아가기 위해 극복해야 할 문제들을 법이라는 테두리로만 만들어 규제하려는 것처럼 보인다. 그 이면에 있는 나 자신부터 바꾸려는 의식이 선행되어야 하겠다.

지나가는 길에 거울이 있거든 자신의 어떤 얼굴을 하고 있는지 한 번 살펴보자. 내가 웃어야 거울이 웃음을 준다.

추석과
코로나 블루문(blue moon)

밤이 익었습니다, 감이 익었습니다, 둥근달이 떴습니다, 강강술래~~, 차례상, 송편 같은 많은 단어들이 한가위가 되면 우리 삶을 풍성하게 했던 기억이 난다. 그러나 50일이 넘는 긴 장마와 두 번에 걸친 태풍은 우리 주변에 너무 많은 상처를 남기고 갔다. 풍성한 한가위라고 하지만 침수된 가옥과 산과 들은 깊은 상처로 인해 아직도 울고 있다.

기차가 도착하는 역에는 고향을 방문하는 향우들을 환영하는 플랜카드가 아니라 "오메 아가! 코로나가 보고 싶으면 내려와불고 우리가 보고 싶으면 집에 있어브러라!" 하는 코로나 19의 확산을 막기 위한 웃픈 플랜카드가 걸렸다. 예전 같으면 자식들이 내려온다는 소식에 마음이 설레고, 들에서 수확해 온 고추, 깨, 호박들을 말리고 떡을 하느라 동네 방앗간은 날밤을 새워야 했는데, 이제 그런 모습은 볼 수가 없다.

우리 마음속에 환한 둥근달이 아닌 코로나 블루문(blue moon)이 떴다. 코로나로 인해 마음이 우울해져 생기는 우울증이 급격히 증가하고, 그로 인한 코로나 레드(red) 현상인 분노와 폭력은 사회적인 큰 문제로 대두되고 있다.

학자들 사이에는 '포스트 코로나'라는 용어를 뛰어넘어 인류의 역사를 B.C(before corona)와 A.C(after corona)로 나누어 새로운 시대의 탄생을 예고하고 있다. 농경사회를 기반으로 했던 전통적 사회는 조상과 자손을 명절을 통해 이어주고, 삶과 죽음을 통해 보이지 않는 영적 관계를 유지하며 대대손손 그 뿌리를 이어왔다. 이러한 인간의 고유한 특성들이 코로나 19로 인해 일순간에 변화되고 있는 시점에 서 있는 것이다.

이러한 사회적 현상들 때문일까? 사회적 방역도 중요하지만 마음 방역도 중요하다며, 최근 코로나 블루를 이겨내기 위한 한 방법으로 '나비 포옹 챌린지'가 등장했다. 자기 스스로를 토닥거리며 우울한 마음을 달래는 '나비 포옹'이 유행을 해서 퍼지고 있는 것이다. 또한 사회적 거리두기의 한 방법으로 '랜선 회식'이 등장했다. 화상을 통해 친구나 직원들끼리 이야기도 나누고 음식을 먹는 회식 방법이다. 가족도 마찬가지이다. 비록 몸은 함께하지 못하지만 화상 어플을 통해 온 가족이 모두 연결되어, 함께 음식도 나누고 서로의 안부를 물으며 마음의 위안을 느껴 보자.

그래도 명절이다. 주변의 이웃들에게 마스크 너머 눈웃음으로 서로를 응원하자.

괜찮아요, 토닥토닥! 힘내요, 으쌰으쌰! 대~한~민~국 짝 짝 짝 짝짝! 이 난국을 위로와 응원으로 극복해 나갑시다!

우리의 마음을 이해하든 안 하든 둥근달은 떠오를 것이다. 그 둥근달을 바라보며 두 손 모아 서로의 건강과 안녕을 기원해 보는 한가위가 되기를 빌어본다.

춘향이가 이 도령을 그리워하듯이 누군가를 그리워하며 춘향가 중 〈갈까부다〉의 한 대목을 불러본다.

"하늘의 직녀성은 은하수가 막혔어도 1년 일도 보련만은 우리님 계신 곳은 무슨 물이 막혔간디 이다지도 못 가는가. 이제라도 어서 죽어 삼월동풍 연자 되어 님 계신 처마 끝에 집을 짓고 노니다가 밤중이면 님을 만나 만단정회를 허여볼까."

둥둥둥~ 내 사랑~ 둥근달이 떠오른다.

가을 우울증을
극복하자

태풍이 지나간 하늘은 눈이 시릴 정도로 파랗다. 천고마비의 계절 그리고 독서의 계절이라고 불리는 가을의 절정이다. 수확의 계절, 결실의 계절답게 곡식과 과일들이 풍부해서 마음까지 풍성해지지만, 높아지기만 하는 물가 때문에 맛있는 과일과 채소를 봐도 선뜻 손이 가지 않는 마음은 아쉽기만 하다.

주변에서 심심치 않게 들려오는 소리가 바로 '가을 탄다'는 말이다. 가을에 찾아오는 반갑지 않은 불청객이 바로 가을 우울증이다. 일조량이 풍부했던 여름에 비해 가을이 되면 일조량이 감소하여, 호르몬에 변화가 생겨 우울증이 증가한다고 한다.

취업포털커리어에서 〈직장인의 가을 우울증〉이라는 주제로 실시한 설문조사 결과에 의하면, 직장인 952명 중 82.14%가 가을 우울증을 경험한다고 답했다. '무기력하고 의욕이 없다', '만성피로감을 느낀다', '감정기복이 심하다', '외로움을 느낀다' 등이 구체적인 증세로 나타났다.

가을에 잠깐 모습을 드러내는 계절성 우울증을 예방하기 위한 가장 좋은 방법은 햇볕을 쬐는 것이다. 안 그래도 실내에서 생활하는 시간이 많아졌으니 햇볕을 쬐는 시간이 짧아지는 것은 당연한지도 모른다. 그러하기에 더욱 의식적으로 시간을 내어 햇볕을 쬐어주는 일은 중요하다. 비타민D를 복용하는 것도 도움이 될 수 있다. '햇볕 쬐기'는 실제 우울증 환자 치료에서 사용되는 방법으로, 빛을 통해 뇌에서 세로토닌이 많이 분비되어 우울한 기분이 나아질 수 있기 때문이다.

가을 우울증을 예방하고 치료하는 좋은 방법들을 살펴보자.

1. 음식을 이용한 치료법

연어, 고등어 같은 등 푸른 생선은 오메가3 지방산이 풍부하게 함유되어 있어 뇌세포를 활성화하고 심리적 안정을 유도하는 도파민과 세로토닌의 수치를 증가시켜준다. 또 감자와 시금치, 스트레스 호르몬인 코르티솔의 수치를 낮춰주는 초콜릿도 가을 우울증을 극복하는 데 좋은 음식이다.

2. 차(茶)를 이용한 치료법

술과 담배를 줄이고 녹차나 허브차 등으로 기분을 전환해 본다. 술이나 담배에 의존해서 스트레스를 해소하는 것은 일시적 효과일 뿐 약물의존 증상에서 벗어나기 어렵다. 웃음 차 한 잔도 좋다. 가볍게 미소를 짓거나 큰 소리로 웃는 웃음운동은 담배 한 개비보다 훨씬 좋은 효과를 얻을 수 있다.

3. 운동을 이용한 치료법

'몸이 건강해야 마음도 건강하다'는 말처럼 신체적 건강은 정신 건강의 바탕이 된다. 매일 시간을 정해 규칙적으로 가벼운 조깅, 수영, 무술, 요가, 명상 등을 꾸준히 하면 뇌 속의 신경전달물질이 활성화돼 우울증을 예방할 수 있다. 운동할 시간이 없다면, 운전할 때 신호대기 같은 잠깐의 시간 동안 박수 빨리 치며 웃거나 설을 때 휴대폰을 귀에 대고 웃는 것도 한 방법이다.

4. 대화를 이용한 치료법

부부, 가족, 동료 간 대화를 많이 하고 감정을 공유하는 것이 중요하다. 다른 사람에게 자신의 상처를 이야기하는 것은 종종 상처를 치유하는 방법이 된다. 여성들은 수다를 떨면서 스트레스를 푼다고 하지만 남성들은 대화를 하려면 술부터 찾는 경향이 많은데, 좋은 대화를 나눌 수 있는 친구나 멘토를 만들도록 노력해 보자.

웃음 친구를 만들어라. 당신을 웃게 해주고 행복하게 해줄 유쾌한 사람과 사귀어라. 돈을 들여서라도 유쾌한 사람에게 식사를 대접해 보라. 식사 한 끼보다 더 귀한 웃음을 얻을 수 있다.

우리 주변에 있는 간단한 방법들로 가을 우울증을 확 날려버리고, 활기차고 행복한 가을을 누려보자.

비난의 화살보다는
용서의 배를 띄우자

　　현대인의 생활 속에서 많은 변화를 가져온 가장 대표적인 것이 자동차, 인터넷, 휴대폰이 아닐까 싶다.

　　1886년 벤츠 자동차의 창업자인 칼 벤츠(Karl Benz)는 내연기관을 적용해 180CC, 0.77마력의 자동차를 만들었다. 그 당시 이 자동차를 처음 본 사람들은 놀라 달아나거나 경찰에 신고를 하기도 했다고 한다. 1946년 미국에서 개발된 '에니악'이라는 컴퓨터는 24m 정도 길이에 엄청난 전기를 소모했고, 고장도 잦았다고 한다. 1970년대 모토로라에서 처음 만들어진 휴대폰은 급속하게 진화를 거듭한 끝에 지금의 스마트폰이 되었다.

　　하루가 멀다 하고 발전하는 세상 속에서 인류의 삶은 많이도 편리해졌다. 그럼에도 불구하고 왜 우리는 오히려 힘들고 어려웠던 시절을 추억하며 '그때가 좋았지'라는 말을 하는 것일까.

얼마 전 퇴근길이었다. 80㎞ 도로에서 80㎞로 주행하고 있는데 뒤에서 쌍라이트를 켜며 위협을 했다. '나는 분명 잘못한 것이 없는데'라는 생각에 여유 있게 자리를 비켜주었는데, 젊은 친구가 창문을 열고 뭐라고 욕을 하면서 지나가는 것이다. 또 하루는 골목 모퉁이에 비스듬히 주차된 차 때문에 많은 사람이 불편을 겪는 걸 보고 전화해서 차를 이동시켜주면 고맙겠다고 했더니, 다짜고짜 욕을 하면서 알아서 하라는 거였다. 그야말로 적반하장이다.

인류를 발전시켰던 자동차, 인터넷, 스마트폰은 지금 비난의 시대를 살고 있다. 자신의 얼굴을 숨긴 채 남을 쉽게 비난하고 상처 주는 일이 일상이 되어버렸다. 옛날 같으면 서로 얼굴 보고 웃으며 해결할 일들을 이제는 무차별적으로 상대방을 비난하거나 경찰에 신고부터 한다. 공인이 작은 실수만 해도 인터넷 기사의 제목부터 비난을 유도하는 제목을 달아 구독자를 유인한다. 개인의 인격이나 진실은 온데간데없고 전체적인 비난만 난무한다. 결국 그 공인은 자살로 생을 마감한다.

아! 그럴 수도 있겠구나. 아! 나라면 어땠을까? 한 번 실수를 했더라도 더 노력해서 훌륭한 사람이 되라고 머리를 쓰다듬어주던 김씨 아저씨도 사라지고, 아이들의 철없는 행동을 꾸짖던 박씨 할아버지도 이젠 먼 산만 보고 돌아서버린다. 법관도 다 알 수 없는 수많은 법안이 쏟아져 나오고, 세무사도 다 파악하지 못하는 세법만 새로 만들어져 결국 AI(인공지능 로봇)가 해결사로 나와야 할 판이 되었다.

예수님의 사랑과 부처님의 자비가 사라져 가는 안타까운 인터넷 세상에서 코로나로 인한 비대면 사회는 그 비난을 더욱 증폭시키고 있다. 사랑과 용서는 이제 '법'의 테두리 속에만 있는 것은 아닌지 안타까운 마음이다. 어린 시절 증오로 불탔던 나의 등을 말없이 쓰다듬어주던 외할머니의 손이 그립다.

배움이 많다고 해서 용서를 하는 것이 아니다. 가슴이 따뜻한 사람이 용서하는 것이다. 지금 내 가슴이 혹여 차갑지는 않은지 손바닥을 올려보자. 이제 남에게 비난의 화살을 쏘기보다는 용서의 배를 띄워야 할 때다. '용서는 가장 이기적인 자기 사랑법'이라고 했다. 용서는 인터넷의 동영상보다는 할머니의 거칠지만 자상한 손안에 있다. 내 작은 가슴에 미움일랑 자리하지 말고 사랑과 용서의 바다를 만들어보자.

매화꽃이 흐드러지고, 목련꽃이 그 화려한 꽃봉오리를 내밀었으니 이제 곧 따뜻해질 게다. 오늘같이 봄비가 내리는 날에는 김치 쪼가리에 막걸리 한잔하면서 이 풍진 세상 희망가를 함께 부를 친구가 더욱 그리워진다.

만화 같은 세상을
기대하며

얼마 전 지역의 한 만화가와 차 한잔 나눌 기회가 있었다. 개인적으로 그림 솜씨가 없어서인지 그림을 잘 그리는 사람이 부럽다.

초등학교 3학년 가을 즈음에 시골인 우리 동네에 자장면집이 처음 생겼다. 어찌나 좋았던지 매일 자장면집 앞을 서성거리며 냄새를 맡았다. 사먹을 형편이 되지 않으니 먹고 싶은 마음을 냄새로 달래야 했다. 그렇게 매일 자장면집을 출근하던 그해 겨울에 자장면집 바로 옆에 만화방이 생겼다.

시골에 자장면집에 이어 만화방까지 생기다니! 어린 우리들에게는 대 사건이었다. 동네 아이들은 항상 자장면집과 만화방을 중심으로 놀곤 했다. 벌써 40년이 넘은 이야기다.

어쩌면 그때 만화 속에서 봤던 세계를 현재 우리가 누리고 있다고 해도 과언이 아니다. 다기능의 콤팩트한 휴대폰이 그렇고, 물속에서마저 자유를 준 스쿠버 장비, 가상현실도 생활의 일부분이 되었다. 어린 우리들의 가슴을 설레고 숨 막히게 했던 순정 만화와 스포츠 만화, 거기에 최배달 같은 무술인들이 나오는 무협 만화는 단연 최고였다.

아이들이나 보는 것이라고 생각했던 만화가 이제는 '웹툰'이라는 이름의 엄청난 시장으로 성장하고 있다. 창조적인 사람들의 작품이 얼마나 큰 산업으로 성장할 수 있는지 실감하고 있다. 대부분의 문화산업 저변에 웹툰이 있다는 사실은, 고부가가치를 만들어낼 수 있는 창조 산업에 관심을 기울여야 한다는 생각이 들게 한다.

만화의 장점 중 단연 으뜸인 것은 소재에 제약이 없다는 것, 즉 상상력의 한계가 없다는 것일 게다. 그래서 우리는 '믿을 수 없지만 일어난' 일을 '만화 같은 일이 벌어졌다'고 표현한다. 해피엔딩은 함박웃음이나 감동의 눈물로 책장을 덮지만, 스릴러나 재앙 같은 경우는 표현하기 어려운 마음이 된다.

지금 우리 사회가 바로 그렇다. 만화 속에서 일어나는 상상 이상의 일들이 벌어지고 있다. 눈에 보이지 않는 바이러스가 지구를 통째로 통제하고 있고, 50일이 넘는 장마와 지진, 폭설, 태풍은 어쩌면 지구상에 사는 생명체들에게 너무 가혹한 것 같다. 정말 지구 밖에 있는 거대한 존재가 지구를 마구 휘젓고 있는 모습을 연상하게 만든다.

원시사회와 농경사회를 벗어난 지 100년도 되지 않아 인류는 비약적으로 발전했다. 인터넷과 가상현실의 세상, 우주 탐사를 넘어 우주여행의 시대로 진보하고 있는데, 과연 우리 인간의 의식은 과학의 발전을 따라가고 있는지 의심스럽다.

아직도 지구의 지도자 중에는 총과 군사력으로 국민을 통치하고 있고, 강대국들은 핵폭탄을 가지고 힘겨루기를 하면서 생각은 서로 갈라져 끝이 보이지 않는 싸움만 하고 있다. 다섯 살짜리 어린아이도 아는 답을 놓고 '옳다', '그르다' 하며 싸우고 있는 어리석음은 우리의 미래를 부정적으로 생각하게 만든다. 이러한 상황을 만화로 그린다면 분명 마지막은 정의가 승리하고 어려운 지구를 구하는 '히어로'가 등장하게 될 것이다.

비가 내리는 날 아무 생각 없이 만화 속에 푹 빠져 긴 밤을 지새우던 그 시절이 그립다. 지금 우리는 그 시절보다 수백 배 발전한 세상에서 살고 있다. 그렇다면 우리의 의식도 함께 진화해서 서로 배려하고 존중하는 조화로운 세상을 만들어야 하지 않을까? 진보된 과학을 바르게 썼을 때 지구는 아름다운 별이 될 것이다.

코로나19를 극복하기 위해 나보다는 사회 전체의 안녕을 생각해야 한다. 때로는 무기보다 글에 힘이 있으며, 수많은 글보다는 한

장의 그림이 모든 것을 함축하고 있을 때가 있다.

교향곡도 많은 악기들의 조화로움이 아름다운 음악을 만들어 낸다. 어찌 자기 악기를 자랑하고 싶지 않고 크게 연주하고 싶지 않겠는가? 그러나 완벽한 교향곡을 연주하기 위해서는 조화로워야 한다.

내가 만난 그 만화가는 만화처럼 이 세상도 조화롭고 아름답게 되기를 간절히 바랐다. 나도 우리 지구별이 전쟁을 끝내고 평화롭고 아름다워지는 해피엔딩의 만화가 되기를 작은 소년의 마음으로 기도해 본다.

숨 한번 크게 쉬자

이제 곧 설 명절이다. 올해는 다른 해보다 날짜가 빠른 데다 눈다운 눈도 내리지 않고 날씨가 그다지 춥지 않아 설 명절 특수가 사라지지 않을까 걱정마저 든다.

새해가 되면 우리는 두 손을 모아 건강, 행복, 승진, 취직 등 자시의 바람을 기도한다. 2~3일 동안은 무언가 희망에 가득 찬 마음을 가지고 주변 사람을 대하며 새해의 복을 빌어준다. 필자도 방송에 출연하여 새해 희망과 행복에 대한 대담에서 올해의 소비 트렌드를 예측하면서 행복한 삶에 대한 전망을 내놓기도 했다. 누구나 그렇겠지만, 작년보다는 올해에 좀 더 살림살이가 나아지기를 소망한다. 소망하고 희망을 갖는다는 것은 행복한 순간을 조금이라도 더 갖게 위함이 아닐까 하는 생각이 든다.

　얼마 전 서울에 있는 큰딸과의 통화 속에서, 많은 사람들이 성공을 위해 도시로, 서울로 올라갔는데 열심히 돈 벌어서 비싼 월세 내고, 밥 사먹고, 통신비 내고 나면 저축이나 자신의 삶을 누릴 수 있는 여유로움도 찾기 어렵다는 푸념을 들었다. 우리는 오랜 시간 동안 남보다 더 좋은 성적을 내야 했고, 더 좋은 대학을 다녀야 했고, 온갖 스펙을 쌓기 위해 노력했다. 그것이 행복으로 가는 길이라고 믿었기 때문이다. 그런데 막상 닥친 현실에서는, 진정한 행복보다는 너무 빠른 변화와 혁신만을 요구당하고 있다.

　필자가 하는 스포츠 활동 중에 스킨스쿠버가 있는데, 물속에 들어가면 인생에서 무엇이 중요한가를 깨닫게 된다. 처음에 5m의 물속에서 호흡 연습을 하는데, 이 호흡 연습을 통해 호흡이 얼마나 중요한 것인지를 느끼게 되었다. 물속에서 느끼는 호흡의 고요함은 나를 황홀하게 만들었다. 깊은 바다 속에서 오로지 호흡만이 나를 살릴 수 있다는 것을 깨닫고, 호흡 수련에 더 깊이 몰입하게 되었다.

　평생을 성공과 부를 위해 뛰어가지만, 정작 호흡지간(呼吸之間)에 삶과 죽음이 결정된다는 사실을 깨닫는 순간, 숨쉬기 운동이 왜 중요한지를 깨닫게 된다. 행복은 호흡 안에 있다. 자신이 가진 욕심을 내려놓고 호흡을 바라보면 잃어버린 나를 찾을 수 있다.

　필자가 웃음을 연구하면서 만난 '웃숨'이라는 단어는 단순한 단어가 아니다. 웃음을 잃어버리면 모든 것을 잃게 된다. "대한민국 국민의 절반 정도가 우울증에 걸려 있다"는 신문기사처럼, 지금 우리가 얼마나 심각한 상황에 있는지 깨달아야 한다.

정신분석학자 프로이드는 그의 논문 「비애와 우울증(Mourning and Melancholia)」에서 비애는 상실에서 오는 일상적인 감정이고, 우울증은 정신 구조 안에서 초자아(즉 양심)가 강하게 자아를 비난, 질책할 때 일어난다는 사실을 밝혔다. 주변에 웃음을 잃어가는 사람들이 있다면 관심을 가져야 한다. 주변에 따뜻한 미소를 건네자.

새해가 시작된 지 채 한 달도 되지 않았지만 우리 모두 자기 삶의 주변을 돌아보자. 현실 속에서 외부의 조건들을 내 마음에 맞게 만들기란 쉽지 않다. 그러나 가장 쉽게 행복한 순간에 도달하기 위한 방법은 간단하다. 내부에 있는 나 자신의 호흡을 깊고 길게, 천천히 바라보는 것이다. 고요함 속에 기쁨의 에너지가 나오고, 그 속에 행복이 스며들어 있음을 기억하자.

남도문화의 꽃,
강강술래

　민족 최대의 명절 한가위가 다가온다. 우리 민족은 전통적으로 한가위를 가장 큰 명절로 여기고, 조상에 대한 감사와 가을 추수에 대한 감사의 마음을 담아 명절을 보냈다.

　원시시대부터 1년 중 가장 달이 밝은 밤에 축제를 벌이고 노래하며 춤추던 풍습에서 비롯된 강강술래는, 달 밝은 밤 부녀자들이 모여 손을 잡고 원을 그리며 노래하는 원무 형태의 춤이다. 처음부터 끝까지 쉬지 않고 노래와 춤이 이어져 구성지고 활기차며, 활달한 여성의 기상을 보여주는 민속놀이라고 할 수 있다. 흥(興)과 사기(士氣)를 돋우는 강강술래는, 춤이 끝나면 휴식을 취하고 여흥으로 다른 소리춤과 놀이 등을 즐긴다.

강강술래의 유래에는 몇 가지 설이 있다. '강강수월래(江江水越來)'라고 하여 임진왜란 때 이순신 장군이 군사놀이로 창안했다고도 하고, 마한 때부터 전승된 가장 오래된 민속춤의 하나라고도 한다. 또한 달을 맞이하고 추수를 감사하는 의식에서 나왔다고도 하며, 한자어로 의미를 붙여 '강한 오랑캐가 물을 건너온다'는 뜻에서 '강강수월래(強羌水越來)'라는 이야기도 있다.

어린 시절 동네 여성들이 밤을 새워 가면서 강강술래 놀이를 했던 기억을 떠올려 보면, 강강술래는 필시 여성들에게는 매우 중요한 놀이요, 웃음꽃을 피울 수 있는 흥마당이었다. 강강술래를 '소리춤'이라고 부르는 이유도, 진양조부터 시작하는 소리와 여러 가지 놀이에 함께하는 춤동작이 특이하게 구성되어 있어, 그 문화적 가치가 높기 때문이라고 할 수 있다.

늦은 강강술래, 중강강술래, 자진강강술래, 남생아 놀아라(남생이놀이), 고사리 꺾자(고사리꺾기), 청어 엮자(청어엮기), 청어 풀자(청어풀기), 기와 밟기, 문 열어라, 덕석몰이, 덕석풀기, 쥔쥐새끼 놀이, 가마등, 도굿대 당기기, 수건 찾기, 품고동, 봉사놀이 등 다양한 놀이들은 여성들에게는 체력단련 놀이이기도 했고, 달이 뜨면 음기가 강해지는 것을 눌러주는 여흥 놀이이기도 하다.

강강술래의 첫 대목은 '달떠 온다, 달떠 온다~'로 시작한다. 달이 떠오르면 옛 여인들은 강해지는 음(陰)의 기운을 다스리기 위해 강강술래를 하면서 땅을 밟으며 노래했다. 둥근 원을 그리며 진양조, 중모리, 자진모리 등의 강강술래로 보름달 뜬 저녁을 신명나게 돌았다. 그렇게 돌고 나면 마음속 응어리도 풀어지고, 강하게 솟구쳐 오르는 음(陰)의 기운(氣運)을 다스려 조신(操身)할 수 있었다. 강강술래를 하면서 많은 여성들은 가슴속에 맺힌 응어리를 소리와 춤으로 풀었을 것이고, 밤을 새워 다양한 놀이를 하면서 자신들만의 문화를 만들어 왔을 것이다.

강강술래의 손벽치기 동작과 전통무예 수벽치기 동작이 비슷한 모양을 띄고 있음도 발견할 수 있다. 이러한 소리춤과 놀이의 형태를 현대적인 웃음 치료요법으로 발전시켜 필자는 '강강술래 웃음'이라는 웃음요가 동작을 개발했다.

여러 사람이 손을 잡고 원을 만들고 "강강술래~ 강강술래~ 웃어보세 웃어보세~ 강강술래~" 하고 노래를 부르면서 돈다. 이때 얼굴을 마주 보고 눈을 맞추면서 원 안으로 들어오며 손을 높이 들고 웃는 동작이다. 간단한 동작 같지만 다양하게 응용하면 좋은 웃음 치료 효과를 볼 수 있다.

물론 다른 나라에도 강강술래와 비슷한 포크댄스(민속춤)들이 있다. 1960~70년대부터 다양한 레크리에이션 활동에서 포크댄스는 중요한 놀이춤으로 자리매김했고, 강강술래 또한 이와 비슷한 시기에 많이 알려지기 시작해서 학교 무용으로 자리를 잡게 되었다. 그러나 운동장 체육이 점점 쇠퇴하고 있어 우리 문화를 영상으로만 접할 수밖에 없는 현실이 안타까울 따름이다.

문화와 역사를 잊어 가는 민족에게 미래란 없다. 우리 남도문화의 꽃, 강강술래를 지키는 손길이 아쉽다.

코로나 시대,
움직임에 관심을 가져 본다

    코로나19 사태 이후 아동들의 비만 인구가 늘어나고 있다는 조사 결과가 속속들이 발표되고 있다. 우리나라를 비롯하여 전 세계가 코로나19의 영향으로 화상 교육이 늘어나고, 점심 급식과 체육 수업의 부재로 인하여 영양 발달, 신체 발달 측면에서 부정적인 결과를 초래하고 있다. 학교뿐 아니라 코로나19 확진자의 증가로 인하여 생활체육시설을 비롯한 체육시설의 폐쇄가 연장되어 국민 건강에 악영향을 미치고 있다.

    집콕생활이 늘어나고 배달문화가 발달할수록 과체중 인구가 늘어나는 것은 어쩌면 당연한 과정일지 모른다. 일부 국가에서는 WHO의 권고에 따라 가당 음료에 세금을 물리거나 체육 수업을 강화하라는 조처를 내리고 있으나, 그 실효성이 모호한 상태다.

IMF로 인한 경제난 때도 그랬지만, 가정 경제가 어려워지면 자녀들 교육에서도 태권도, 합기도, 미술학원, 음악학원 같은 예체능 학원을 제일 먼저 그만두게 된다. 사실 아이들이 제일 좋아하는 활동은 움직임 활동인데, 이러한 움직임 활동들이 제약을 받으면서 몸과 마음에 비만이 진행되는 것이다. 결국 움직임 활동의 부족은 청소년들의 육체적 건강뿐 아니라 정신 건강마저 해치게 된다.

공부하라고만 하면 머리 아프고 배 아프던 영식이는 "나가 놀아라"라는 한마디에 모든 증상이 가라앉는다. 밖으로 나가는 영식이는 하늘을 향해 외친다. "와~ 신난다~~!" 그 순간 모든 병은 씻은 듯 나아버린다. '신난다'라는 말은 '내 안의 신이 나온다'는 뜻이다. 움직임 속에서 '웃음'은 절로 나온다.

필자 또한 같은 경험을 했다. 중학교 1학년 때 부친께서 작고하시어 정신적인 충격이 컸는데, 그 당시 복잡한 심리적 상황을 운동으로 극복했다. 무술은 나의 유일한 탈출구였고, 내 마음의 위안이었다. 자긍심과 자부심을 키우는 데 최고의 역할을 했던 무술은 지금도 내 삶의 일부로 살아가고 있다.

언론지상에 날로 흉포화되는 범죄의 양상도 정신 건강의 문제, 움직임 교육의 부재에서 비롯된 것임은 변명의 여지가 없다. 비록 코로나 시국이라고 해도 마스크 너머로 우리 아이들과 청소년들의 웃음소리가 들리도록 사회적인 안전망을 잘 만들어야 한다.

병을 좋아하는 사람은 없다. 그런데 놀랍게도 병을 스스로 불러들이는 경우는 의외로 많다 지금 우리 사회의 폭력적인 병은 우리 스스로 불러들인 결과가 아닐까? 아무리 어려운 코로나 상황이라고 하더라도 우리 주변을 긍정의 에너지장으로 만들어 현실을 극복해 나가야 할 것이다.

여름을 재촉이라도 하듯 담장 위의 장미덩굴에 꽃이 활짝 피었다. 코로나 시국에도 계절을 알리는 꽃은 우리 마음에 위로를 준다. 아침 산책길에서 만난 장미꽃을 사진으로 담으면서 그래도 이렇게 걸을 수 있고 움직일 수 있음에 다시 한 번 감사하며 소확행의 즐거움을 누려 본다. 누우면 죽고 걸으면 산다.

상추튀김,
그 추억 속의 여행

지난 주말 광주 시내에 있는 충장로에 일을 보러 나갔는데, 우연히 아들에게 전화가 왔다. 때마침 점심을 먹을 때가 되어 같이 식사를 하기로 했다. 다행히 서로 가까운 위치에 있어서 바로 만났는데, 아들이 "아빠, 맛있는 곳을 제가 알아요."라면서 내 손을 잡아끌었다. 아들이 데리고 간 곳은 다름 아닌 충장로우체국 뒷골목에 있는 상추튀김집이었다. 오랜만에 가본 터라 아들에게 알아서 시키라고 했더니, 세트 메뉴가 나왔다. 두 명이 한 세트를 시키면 저렴한 가격으로 튀김과 다른 덮밥 그리고 음료도 먹을 수 있었다.

생각해 보면, 중학교 때부터 나도 이곳 충장로 뒷골목 학생회관에서 공부하면서 튀김을 맛있게 먹었었다. 옛 기억에 절로 빙그레 미소가 지어졌다. 물론 지금은 그 옛날의 정취는 모두 사라지고, 충장로 거리는 많이 변했다. 얼마 전까지만 해도 가락국수가 3천 원, 닭발이 3천 원이던 포장마차도 사라졌다. 그 옛날 추억 어린 만남의 장소였던 충장로우체국 앞은 그대로지만, 이제 그곳에 친구들은 보이지 않고 커피숍이 자리를 잡고 있다.

튀김, 떡볶이, 오뎅은 여전히 국민의 간식으로 사랑받고 있지만, 내가 중·고등학교 시절에는 먹을거리가 그리 많지 않았던 탓에 유일한 즐거움이라고 할만했다. 시내에 나가면(우리는 그 시절 충장로에 나가는 것을 '시내 나간다'고 했다.) 신기한 튀김이 있었는데, 그 튀김이 바로 '상추튀김'이었다. 상추튀김은 1970년대 중반에 충장로 학생회관 골목에 자리 잡고 있던 튀김집에서 처음 시작되었다고 한다.

이제 아이들뿐 아니라 아빠와 엄마 그리고 할아버지까지 세대를 아우르는 먹거리로 발전한 상추튀김은, 한국 음식의 '보쌈' 문화와 어우러지면서 전라도의 대표 음식으로 자리를 잡았다.

다른 지방 사람들에게 상추튀김 이야기를 하면 다들 상추를 튀기는 걸로 착각한다. 지금이야 TV 방송에 소개가 되면서 상추튀김에 대한 오해도 풀리고, 다른 지역에서도 맛볼 수 있을 만큼 대중적인 음식으로 사랑받고 있다.

음식궁합으로 봐도 상추와 튀김은 어울리는 한 쌍이란다. 튀김의 기름기를 상추가 잡아줘서 건강학상으로 봐도 좋다는 것이다. 거기에 매콤한 청양고추와 마늘, 양파 그리고 간장이 잘 어우러져 한국인의 밥상에 어울리는 삼합 같다.

이제 음식도 문화상품으로 자리를 잡아가고 있고, 이러한 전라도의 음식들에 이야기를 잘 입혀 판다면 세대의 벽을 허물 수 있는 좋은 음식 브랜드가 될 것이다. 상추튀김은 맥주나 소주, 막걸리 등 그 어느 술과도 어울리는 성격 좋은 음식이다.

세계적으로 유명한 햄버거나 케밥을 보더라도 우리나라의 보쌈 문화와 비슷하다. 고기나 야채를 안에 넣고 빵이나 밀가루 반죽을 얇게 펴서 만든 재료들로 싸서 함께 먹지 않는가. 음식에 특별한 전문 지식은 없지만, 예로부터 천지인(天地人) 사상이 생활 속에 깊이 뿌리 내리고 있는 우리 민족은, 음식에도 이 사상이 잘 나타나 있다. 튀김, 상추, 간장이 어우러지는 음식, 삼대(三代)가 어우러져 함께 먹는 음식….

서민들이 부담 없이 즐길 수 있는 상추튀김과 LP판이 돌아가는 추억의 음악이 함께하는 늦가을의 정취를 상상하니 가을이 풍요로워지는 것 같다. 빙그레 미소 지어지는 아름다운 가을 풍경이다.

인공지능시대를 대비한
웃음 치료

얼마 전 한 지인이 보내준 영상을 보면서 내 스스로에게 자문을 했다. 인공지능시대에 과연 웃음은 어떻게 진화해야 할까? 동영상의 내용은 이렇다.

최근 영국에서 인공지능 로봇이 등장하는 〈휴먼즈(Humans)〉라는 드라마가 방영되었다. 이 드라마는 사람이 귀찮아 하는 모든 일을 인공지능 로봇이 대신 해주는 시대를 배경으로 하고 있다.

엄마와 아빠가 직장에 다니느라 엉망인 집안에 아름다운 인공지능 로봇 '아니타'를 들이게 되면서 가정에 평화가 찾아온다. 인공지능 로봇이 어린 딸에게 동화책을 읽어주고, 아침마다 차려주는 근사한 아침식사에 가족들은 즐거워한다.

그런데 인공지능 '아니타'를 볼 때마다 자신의 역할에 대한 회의감이 드는 엄마의 표정은 그리 밝지 않다. 그리고 대학생 딸은 이런 인공지능이 활동하는 세상에 대해 불만이 많다. 공부에 염증을 느낀 딸은 "의사가 되는 데 7년이 걸리는데, 그때가 되면 인공 로봇에게 수술을 넘겨줘야 할지도 모른다"며 "무엇을 하든 인공지능이 더 뛰어나다면 공부를 할 필요도, 일을 할 필요도 없지 않느냐"고 말한다.

또 한 남자는 교통사고로 몸이 좋지 않는 아내를 위해 의료 로봇을 렌탈했다. 의료 로봇은 아내를 위해 마사지, 집안일, 재활치료 등을 정말 완벽하게 해낸다. 그 후로 아내가 이상해진다. 이 의료 로봇은 잘생긴 데다 남편처럼 술에 취해 있지도 않고, 담배도 피우지 않으며, 화를 내지도 않았다.

점점 인공지능 의료 로봇이 좋아지기 시작한 아내는 급기야 남편에게 "우리, 서로의 길을 편하게 갔으면 좋겠다"는 이별 선언을 한다. 그러자 남자는 화를 내면서 "나는 인간이기 때문에 실수할 수도 있고, 슬프기도 하고, 뭔가 서툴고 부족할 수도 있는 거야!"라고 외친다.

인공지능 로봇이 노동뿐만 아니라 더 좋은 엄마, 더 좋은 남자친구가 될 수 있다는 것을 암시하는 이 드라마는, 어쩌면 조만간 다가올지도 모를 우리의 미래에 대한 이야기다.

전문가들은 앞으로 20년 후면 단순한 업무는 인공지능이 완벽하게 대체할 수 있을 것으로 예측하고 있다. 지금도 인공지능은 바흐풍의 음악을 작곡하고, 고흐풍의 그림을 그리며, 숙련된 기자보다 빠르게 스트레이트 기사를 뚝딱 작성한다. 당연히 웬만한 개발자보다 컴퓨터 코딩(coding)을 잘할 수 있다.

이 영상을 몇 번이고 다시 보면서 필자가 강의를 할 때 청중들에게 던진 메시지가 생각났다.

21세기는 감성의 시대이고 재미(fun)를 추구하는 시대다. 이제 재미를 모르는 아빠는 아이들에게 로봇으로 교체 당할지도 모르니 재미있는 삶에 대해 연구해야 한다.

남편들이여! 버림받고 싶지 않으면 아내를 위한 요리와 집안일을 배워라. 자기 자신이 누구에겐가 필요한 존재가 되기 위해 끊임없이 연구해야 한다. 집에 들어갈 때 현관 앞에서 환하게 웃는 연습을 하고 웃는 얼굴로 집에 들어가라.

모 전자회사에서 연구원들을 대상으로 강의를 할 때는, 얼굴 인식 프로그램을 응용해서 환하게 웃으면 문이 열리도록 스마일 기능을 추가해 달라고 요구한 적도 있다.

출입자의 웃는 얼굴을 인식하는 스마일 도어, 운전자가 웃을 때 자동으로 시동이 걸리는 스마일 자동차 등 인간의 웃음을 이용한 스마트한 시대가 곧 펼쳐질 것이다.

인공지능시대에 인간이 가장 인간다워지는 방법에 대한 연구가 필요하다. 신이 인간에게 주신 가장 큰 선물인 웃음마저 인공지능이 대체하도록 방치할 셈인가!

당신의 마음을
달래주세요

누가 이 흐름을 막을 수 있을까? 누가 이 변화를 막을 수 있을까? 지금 우리는 하루하루를 혁명적인 변화와 함께 살아가고 있다.

우리 인간이 지구의 주인 행세를 할 수 있었던 배경에는 약 7만여 년 전의 인지혁명, 1만2천 년 전의 농업혁명, 500년 전의 과학혁명이 있었다. 그 이후 우리 지구는 빠른 속도로 변화를 거듭해 왔고, 컴퓨터 개발에 힘입어 그야말로 초고속의 진화를 계속하고 있다. 바야흐로 우리는 급격한 변화의 연속선상에 서 있다.

인간의 적응 속도가 아무리 빠르다고 한들, 눈만 뜨면 변하는 세상이니 미처 그 속도를 맞추지 못해 낙오하는 이가 발생하는 것은 어쩌면 당연할지도 모른다. 많은 사람들이 경쟁이라는 장거리 마라

톤에서 쓰러지고 포기한다. 3포, 5포, 7포 등 심지어 N포 세대로 일컬어지는 요즘 젊은이들이 모든 삶을 포기해 버리는 극한 상황에 이르게 되었다.

학교 수업이나 강연을 하다 보면, 요즘 현대인들은 지식적인 부분을 요구하는 것이 아님을 알 수 있다. 자신의 불안한 삶에 대해 위로받고 싶어 하고, 자신의 마음을 달래주기를 바라는 눈빛들을 외면할 수가 없다. 지식을 전달해 주는 사실에 대한 고마움보다는, 자신의 마음을 이해해 주고 위로와 달래는 손길을 건네는 나에게 더 많은 박수를 보내준다.

수업시간에 명상을 지도하는데, 명상을 하는 것이 아니라 아예 잠을 자는 학생들도 많다. 그러나 시간이 지나면서 왜 자기가 잠을 자는지, 무엇이 자신을 지배하고 있는지, 내 삶의 주인이 누구인지, 야단을 맞아야 할 상황에 오히려 위로하는 멘트를 들으면 스스로 자신을 돌아보는 시간을 갖게 되는 것 같다. 지금까지 누구도 자신의 아픈 마음을 달래주지 않았지만, 자기 스스로 마음을 달래고 쓸어내려주는 작은 변화를 통해 사람들은 위안을 얻는다.

얼마 전 강원도의 '달래촌'이라고 하는 힐링 마을에 다녀왔다. 달래촌은 원래부터 '마음을 달래주는 곳'이라는 뜻으로 지어진 건 아니다. 그런데 세상과 단절된 듯 조용한 그곳을 걸으면서 나 자신을 내려놓고 편안한 마음을 유지하다 보면 스스로 위안이 되는 것이다. 나 또한 어머니 같은 산세와 마을의 모양을 보면서 이곳은 '지친 우리의 마음을 달래주는 곳'이라는 생각이 들었다.

스스로를 달랠 수 있는 곳을 찾아보자. 엄청난 속도로 변해 가는 세상과 흐름을 차단하고, 잠시 자신을 달래줄 수 있는 곳을 정해서 주기적으로 그곳을 찾아 마음의 평안과 재충전을 위한 시간을 갖자. 그것만으로 많은 변화를 줄 수 있다.

또 내 마음을 달래주는 힐링 친구를 정해서 주기적으로 마음을 나누는 문자나 차 한잔의 여유를 가져보는 것도 좋다. 어린 시절 화가 난 나의 등을 쓸어주시면서 내 마음을 알아주고 달래주던 외할머니는 최고의 마음치유사이셨다. 마음을 달래주는 음식, 음악 그리고 심리적인 칭찬, 감사의 습관을 익혀보는 것도 많은 도움이 될 것이다.

변화의 큰 파도를 보고 등을 보이고 도망치듯 살 것이 아니라, 적극적으로 보드를 들고 그 파도를 넘어보자.

사회적 거리두기와
사라지는 웃음

코로나19로 인하여 사회적 거리두기, 생활 속 거리두기 등 우리 사회에 '거리두기'라는 단어가 이제는 익숙해졌다. 코로나19는 전 세계적인 팬데믹 속에서 우리의 일상을 송두리째 바꾸고 있다. 언제 끝날지도, 앞으로 어떻게 변화해 갈지도 미지수이다.

사회적 거리두기와 생활 속의 거리두기 그리고 방역수칙을 우리가 얼마나 잘 지키느냐에 따라 일상으로 돌아갈 수 있느냐 없느냐의 갈림길에 서 있다고 할 수 있다. 글을 쓰고 있는 이 시간에도 학교 교육 현장, 택배회사, 종교시설, 유흥업소 등에서 충격적인 감염이 지속되고 있어 예측하기 어려운 상황이 이어지고 있다.

소비산업은 이미 언택트 산업으로 변화하고 있어 사람과 사람이 만나지 않아도 아무 문제가 없을 만큼 괘도에 올랐다. 안타까운 것은, 이제는 사람이 사람을 두려워하는 사회 분위기가 만들어지고 있다는 현실이다. 산책을 하거나 엘리베이터를 탈 때도 마스크를 쓰지 않은 사람을 만나면 나 자신부터 거리를 두려고 하고 한 발짝 물러서게 되며, 남에게 피해를 주는 사람으로 인식하는 습관이 들기 시작했다.

사람과 사람의 사이가 멀어지면서 웃음도 사라지고 있다. 거리라는 단어를 생각하면서 '적정한 거리'를 통해서 무엇인가를 본다는 것에 대해 생각해 본다.

좋은 시력으로 아름다운 세상을 볼 수 있어 감사하고, 사랑하는 사람들의 모습을 볼 수 있어 감사하다. 우리는 무언가를 본다는 행위를 통해 뇌 속에 기억이 되고, 그 기억으로 인해 행복하기도 하고 불행하기도 하다. 웃는 얼굴을 한 사진을 보여주면 아기도 따라 웃지만, 화난 얼굴을 보여주면 아기는 두려워한다고 한다. 우리는 시력을 가짐으로써 세상과 소통하게 된다. 적당한 거리를 유지하면서 올바르게 본다는 것이 얼마나 중요한가.

세상과 소통하기 위해서는 적당한 거리에서 올바로 봐야 한다. 잘못 보면 그 기억으로 인해 우리는 마음의 고통을 겪게 되고, 오해하고, 화내고, 싸우게 된다. 마스크 너머로 보는 세상을 어떻게 보느냐에 따라 행복에 대한 시각마저 바뀐다.

요즘 세상에서 일어나는 일들을 보면, 하늘 보고 한번 웃으면 될 것을 극과 극으로 양극화되는 상황들을 보면 씁쓸함을 떨쳐버릴 수가 없다. 행복도 자신이 바라보는 각도에 따라 다르듯 생각에도 차이가 있다는 다면성을 이해해야 할 것이다. 요즘처럼 사회적 거리두기를 강조하며 전염병이 우리 생활을 힘들게 할 때, 상대방의 글에 선플을 달아주고 힘을 주면, 마음의 거리도 가까워지고 웃음도 우리 곁에 오래 머물 것이다.

　미용실에 머리를 자르러 갔는데, 아주머니 몇 분이서 깔깔대고 웃고 있었다. 가만 들여다보니 놀랍게도 유튜브에서 강의를 하는 필자의 〈웃음 특강〉이었다. 마스크를 쓰고 미용실에 들어가니 내가 누구인지 알아보지 못하는 것이었다. 그냥 조용히 머리를 자르면서 나 또한 그 웃음소리에 전염이 되어 빙그레 방그레가 되었다. 웃음은 이렇게 좋은 바이러스다. 힘든 시간이라도 우리의 웃음이 세상에 울릴 때, 우리는 존재의 가치와 삶의 의미를 부여받는다.

　가끔씩은 스스로 요구하는 것들이 너무 많진 않은지 생각해 볼 필요가 있다. 삶과 적당한 거리를 유지하지 못해 웃지 못하는 것은 아닌지 되돌아볼 필요가 있다.

　웃음도 울음도 적당한 거리와 시간을 갖고 반복하다 보면 건강한 몸과 마음을 가질 수 있다. 사회적 거리보다는 생명의 거리, 사랑의 거리, 웃음의 거리, 행복의 거리가 빨리 왔으면 좋겠다.

내 안에 있는 나와 좋은 거리를 유지하기를 바라는 마음으로 이 시간들이 지나가기를 빌어본다. 너무 멀리 가서 보지 말자. 한 걸음만 뒤로 물러나서 보면 웃음이 나올 것이다.

흙에 살리라

계절의 여왕이라고 불리는 5월이다. 추위가 완전히 가고 아직 더위가 오기 전인 5월은 야외활동하기에 더할 나위 없고, 무엇보다 생기가 넘치는 계절이다. 온 산천의 푸른 잎들이 마치 운동회의 만국기처럼 휘날린다. 곡우(穀雨)가 지나 들에는 논일이 본격적으로 시작되었고, 여기저기서 들리는 경운기 소리가 달리기 하는 아이들의 응원소리처럼 경쾌하다.

5일장을 들렀더니 고추 모종, 가지 모종을 비롯해서 각종 모종들이 밭을 향해 달려가고 싶어서 졸라대는 듯 작은 모종판에서 고개를 내밀고 있다. 뒤통수를 잡아끄는 녀석들을 데리고 와 작은 텃밭에 심어 놓으면, 매일 아침 아내는 그 아이들에게 정성 들여 물을 준다. 이것이 우리 부부의 소소한 즐거움이자 행복이다.

주말에는 시간을 내어 조용한 시골길을 걸었다. 외숙모께서 아직은 밭일을 하신다고 해서 안부인사 겸해서 들판에 따라가 콧바람을 쐬었다. 광주 근교는 그나마 도시 사람들이 주말농장도 하고 전원주택도 많이 지어서 나름 삶의 여유를 즐기고 있었다.

4월 말쯤 되면 봄나물들이 참 많이 나온다. 향이 강한 두릅은 예나 지금이나 강한 향으로 자존심을 지키며 귀한 먹을거리로 대접을 받는다. 돌미나리는 키가 큰 미나리보다 더 우리의 향수를 자극시키면서 헝클어진 머리를 연신 쓸어 올리며 앉아 있다.

논두렁을 걸으면서 나도 모르게 가수 홍세민의 〈흙에 살리라〉 노래를 흥얼거렸다.

초가삼간 집을 지은~ 내 고향 정든 땅~

아기 염소 벗을 삼아~ 논밭 길을 가노라면~

이 세상 모두가 내 것인 것을~

왜 남들은 고향을 버릴까 ~고향을 버릴까~

나는야 흙에 살리라~ 부모님 모시고 효도하면서~

흙에 살리라~

1970년도에 나온 이 노래가 내 입에서 자연스럽게 나오는 걸 보니 나도 이제 나이가 든 모양이구나 싶어 빙그레 웃게 된다. 고향 땅이 그리워 어린 시절 자주 놀러 갔던 외숙모님의 나물무침이 먹고 싶어지는 것은 비단 나뿐만 아닐 것이다. 오전 내내 흙을 만지고 쪼그리고 앉아 자갈들을 캐내고 풀들을 뽑고 나면 어느새 배가 고파져서 들에 이고 오는 새참 거리들이 눈에 아른거린다. 요즘은 전화 한 통이면 논에 자장면 배달 오토바이가 달려오는 세상이 되었어도 말이다.

코로나19로 인해 여가생활에 많은 제약을 받고 있는 사람들은 봄기운을 따라 너나 할 것 없이 야외로 나들이를 간다. 하루 종일 흙을 만지고 흙을 밟다 보면 일주일의 피로가 싸악 날아간다. 게다가 들에서 햇볕을 쬔 덕분에 밤에 숙면까지 취할 수 있다. 회사 일로 스트레스에 지친 몸을 이끌고 잠에 청하면 오히려 잠들지 못해 뒤척이던 몸도, 흙을 밟고 일을 하면 쉽게 잠에 빠져든다. 그래서인지 컴퓨터 앞에만 앉아 있는 청소년들을 위한 '흙 치료'라는 프로그램도 좋은 반응을 얻는다고 한다.

흙을 파다 보면 가장 많이 만나는 것이 지렁이다. 흙 속은 온통 지렁이 세상이다. 아리스토텔레스는 지렁이를 '지구의 창자'라고 했고, 생물학자들은 '흙을 헤집고 다니는 생태공학자'라고 불렀다는데, 지렁이가 이처럼 많이 살고 있는 것은 그만큼 흙이 건강하다는 신호일 것이다.

콘크리트 집과 바닥에 익숙해진 몸과 마음을 치유하기 위해 살아 있는 흙이 있는 고향의 시골길을 찾아보자. '흙에서 왔으니 흙으로 돌아가라'는 말이 있다. 코로나19로 인하여 지친 우리의 몸과 마음을 자연 속의 흙에서 치료해 보면 어떨까?

아무도 없는 들길을 혼자 걸어보자. 물 흐르는 계곡에서 아무 생각 없이 앉아 있어 보자. 우리 인간의 무분별한 개발로 인하여 생긴 바이러스와 상처 받은 지구의 땅에게 미안한 마음으로 흙과 함께 착하게 살아야겠다.

소금밭에 핀
웃음꽃

　지구가 점점 더 더워지고 있다. 한 해 한 해 더해 가면서 우리가 느끼는 체감 온도는 모든 기록들을 갈아치우면서 최고 기록을 갱신하고 있다. 며칠 전 강의를 하고 집에 들어와 옷을 벗는데 막내아들이 웃으면서 "아빠 옷이 소금밭이 됐네?"라며 필자의 옷을 가리키는 것이었다.

　빙그레 웃으면서 "아빠가 우리 아들 과자값 벌려고 이렇게 힘들게 강의하고 왔으니 우리 아들도 아빠한테 시원한 웃음 한번 보여줘 봐!"라고 하자, 막내아들은 "우~~하하하하하! 우리 아빠 최고!"라면서 엄지를 척하고 치켜세워주었다. 그 순간 모든 피로가 사라지면서 아련한 추억이 떠올랐다.

젊은 시절 군생활을 할 때의 기억이다. 요즘처럼 더운 7월에 장교 교육을 받으면서 특전사에 배치되어 공수 교육과 특수전 교육을 받았다. 아침에 눈을 떠서 저녁에 눈을 감을 때까지 정말이지 단 한 순간도 걷는 법이 없이 "공수! 공수!"를 외치면서 항상 뛰어다녔다. 쉬는 시간이 되면 소금을 섭취하고 물 한 모금 마시기 위해 줄을 서서 기다리는데, 이마저도 늦게 가면 쉬는 시간이 끝나버려 다시 뛰고 굴러야만 했다.

그때 점심을 먹으면서 옷을 보면 소금이 긁혀 나오고, 군화에도 소금이 배어 있었다. 그때 동기들과 농담으로 "소금 부족하면 이거 긁어 먹어!"라고 할 정도로, 그야말로 온몸이 소금밭이었다. 온몸에 땀띠가 나서 밤이면 잠을 잘 수 없을 정도로 간지러웠고, 그 다음날 흘리는 땀으로 그 간지러움을 소독하곤 했다.

청중들에게 최선을 다해 강연을 하다 보면 등에 땀이 줄줄 흘러 내리고, 그 땀이 말라 하얗게 띠를 만들면서 소금이 된다. 우연인지 오늘 상무대 초급장교들에게 웃음 특강을 하게 되었는데, 바로 이렇게 더운 여름날 천리행군과 공수 교육을 받던 과거 군생활을 되새기면서 열강을 했더니 속옷에서 쉰 냄새가 났다.

돌아오는 길에 폐지를 주워 리어카를 끌고 가시는 연로하신 어르신이 보였다. 리어카를 움켜쥔 가는 팔뚝과 땀에 범벅이 된 휘어버린 허리, 걷어 올린 바짓가랑이에서 보이는 가느다란 장딴지 밑으로 다 닳고 닳은 운동화… 40도가 넘는 아스팔트를 목에 두른 수건 한 장에 의지하면서 가고 계셨다. 이 찜통 같은 더위에 노상에서 과일을 팔고 계시는 아주머니가 켜 놓으신 작은 선풍기에서는 아스팔트보다 더 더운 바람이 나오고, 연신 흘러내리는 땀을 닦은 수건에서는 쉰밥 냄새가 날 것 같다.

그 누군가의 삶을 위해 우리 아버지들은 그리고 어머니들은 등판의 소금밭을 일구면서 살고 계신다.

가게에서 시원하게 에어컨을 틀고 장사를 하시는 분들은 폐지를 주워 지나가는 누군가의 아버지를 잠시 불러 시원한 에어컨 바람 앞에서 냉수 한잔이라도 대접해 보자. 카페 앞에서 하루 종일 과일을 파는 아주머니에게 얼음 동동 띄운 아메리카노 한잔 건네 보는 건 어떨까? 우리 삶의 아름다운 그림이 연출되면 좋겠다. 서로 기대어 땀 한 방울 닦아주는, 그런 아름다운 여름이 되었으면 좋겠다.

내일은 하루하루 병마와 힘들게 싸우고 있는 암 환우들을 찾아간다. 그분들에게 나는 무엇이 될까? 그분들의 마음이 상하지 않을 소금이 되어야겠다. 어머니는 나를 키우면서 수많은 김장에도 끄떡없을 만큼 소금을 만드셨을 텐데, 나는 언제나 그만큼의 소금을 만들어 볼거나.

웃음을 가르치는
대학이 되자

캠퍼스 여기저기에서 "하하 호호호 하하 호호호" 소리가 들린다. 학생들은 삼삼오오 모여서 웃음 동영상을 찍고 있다. 지나가는 학생들도 빙그레 웃으면서 지나간다. 어떤 학생은 지나가는 교수님에게 함께 웃자고 제안을 하고, 교수님도 멋쩍게 웃음 동영상을 찍어준다. 집에 가면 부모님과 함께 웃음 동영상을 찍느라 한바탕 소동이 일어날 것이다.

혜원(가명)이는 장애 학생이지만 웃음 수업이 있는 날은 행복하다. 수업시간에 웃을 수 있고, 집에 가서 엄마와 함께 웃음 동영상을 찍을 수 있기 때문이다. "교수님! 너무 행복해요."라고 문자를 보내주는 혜원이는 손발을 잘 움직일 수는 없지만, 행복을 느끼고 환하게 웃는 그 눈빛에는 순수한 영혼의 빛이 가득하다.

처음 웃음을 수업에 도입했을 때 학생들의 반응은 놀라움 그 자체였다. 심지어 "교수님! 왜 그러세요?", "교수님! 미쳤어요?"라는 말까지 들었다. 그러나 수업이 거듭될수록 학생들의 웃음은 어색함에서 자연스러움으로 바뀌어 갔다.

필자가 추구하는 수업은 재미있고 행복한 수업이다. 수업은 크게 명상, 웃음요가, 행복학개론으로 이루어진다. 그야말로 몸과 마음과 영혼이 모두 행복한 수업을 추구한다.

1980년대 내가 대학생활을 했던 시절에는, 비록 최루탄과 함께이긴 했지만 그래도 캠퍼스에 낭만이라는 것이 있었다. 청바지, 통기타, 막걸리 등 그 시대를 읽어내는 아이콘들이 지금도 우리를 행복하게 미소 짓게 하고 '그래도 그때가 좋았지' 하는 생각에 젖어들게 한다. 그런데 밀레니엄 시대에 태어난 지금의 대학생들에게는 오로지 '취업'이라는 커다란 담벼락이 떡 버티고 있다. 그러다 보니 대학 캠퍼스에는 낭만도, 진취적인 진정한 학문의 탐구도 없다.

대학의 모든 행정은 교육부 평가에 맞추어져 있고, 학생과 교수의 관계는 물과 기름이 되어버렸다. 학교 현장에서 일어나는 많은 문제들은 학생들이 어깨동무하고 웃으면 풀어지는 경우가 허다한데, 웃음이 사라지면서 우리는 너무 많은 것들을 잃어버렸다. 그래서 학교에서 웃음을 가르치기 시작한 것이다.

대학에서 학생들에게 웃음으로 시험을 보고, 웃음 리포트를 과제로 주고, 캠퍼스 여기저기에서 웃음소리가 나게 만들었더니, 우리 대학 총장님이 '스마일 캠퍼스'를 선언했다. 결국 60년 넘게 교육을 하신 큰어르신께서 "교육은 학생들이 웃으면서 인생을 살아가도록 가르치는 것이다"라는 말씀을 하셨다.

학생들에게 웃음을 가르치다 보면 많은 에피소드들이 생긴다.

암 수술을 한 엄마에게 딸이 웃음요가를 함께하다가 서로 부둥켜안고 눈물을 흘리면서 무서운 암을 이겨낼 수 있었다는 이야기, 명퇴를 한 아버지가 웃음 동영상을 찍다가 눈물을 흘리면서 가족들에게 멋진 아빠의 모습을 보여주지 못한 미안함을 토로하고 직장을 찾아나선 이야기, 안면기형인 장애 학생이 혼자서 웃음 동영상을 찍어 보내 나를 울린 사연, 학교를 졸업하고 몇 년이 흘러 길거리에서 만난 학생이 반갑게 인사하면서 '웃음교수님'이라고 부르며 남자친구를 소개시켜주고 결혼식 주례를 부탁했던 사연 등등 웃음이 주는 행복한 사연은 많다.

다만 중요한 것은, 학생을 가르치는 교육의 주체인 교수가 직접 많은 웃음을 학생들과 나누어야 한다는 것이다.

21세기는 감성의 시대이다. 감성의 시대에 가장 많이 등장하는 아이콘이 바로 재미, 웃음, 행복, 여행 같은 단어들이다. 필자는 학생들에게 "행복한 삶은 즐거움과 삶의 의미를 찾아가는 여행과 같다"고 말한다. 학문의 상아탑인 대학에서 학생들은 자신의 인생을 어떻게 하면 즐겁게 살 수 있으며, 자신이 선택한 직업이 자신의 삶과 타인의 삶에 어떤 의미를 줄 수 있을지 찾아야 한다. 행복은 자신을 사랑함으로써 생긴다. 자신이 행복해야 타인에게도 행복한 기운을 전해 줄 수 있다.

무지개가 아름답다고 무지개를 잡으려고 달려갔던 소년은 결국 그 무지개를 잡지 못하고 허탈하게 돌아온다. 현명한 소년이라면 아름다운 무지개를 그 자리에서 바라보면서 행복감을 느낄 것이다. 먼 미래의 성공을 위해 현재의 행복을 포기하지 말아야 한다. 지금 자신의 삶을 즐겁게 살고, 그 즐거움이 미래의 행복이 되어야 한다. 현실을 탓하지 말고, 자신이 삶의 주인이 되어 지금 웃어보자.

인간은 20대 초반의 기억이 가장 오래 간다고 한다. 20대 청춘들이여, 또 그들을 가르치는 교수님들께서도 신께서 우리 인간에게 주신 가장 소중한 보물인 '웃음'의 가치를 알고 함께 나누자.

웃음 가득한 대학 캠퍼스를 만드는 것은 강의실을 들어갈 때 학생들에게 환하게 웃으면서 "안녕하세요! 오늘도 좋은 날입니다"라고 말하는 웃음 인사로부터 시작된다.

학생의 얼굴이 교수의 거울이다. 내가 웃으면 세상이 웃는다.

보리밥 먹고
방귀 뀌고 웃어보자

코로나19로 인해 집밥이 대세로 떠오르면서 기본 식재료인 김치를 비롯한 반찬류, 쌀을 비롯한 곡식류, 돼지고기 등이 많이 팔린다고 한다. 외식보다는 집에서 조리해 먹는 밥이나 1회용으로 간단히 조리해서 먹을 수 있는 식재료들이 늘어나고 있다. 앞으로도 이러한 식문화는 우리 생활의 흐름을 바꿔 놓을 것 같다.

여름이 되니 어린 시절 학교가 끝나고 집으로 돌아오는 길에 보릿대를 꺾어 보리피리를 불거나 입 주변이 새까매질 때까지 보리를 구워 먹으며 해맑게 웃던 까까머리 친구들과의 추억이 아련해진다.

나이가 들어가면서 건강 먹거리를 찾다가 '나 혼자라도 보리밥을 해 먹을까?' 싶은 생각에 보리밥을 먹기 시작했다. 밖에서 외식을 하다 보면 보리밥집이 아닌 바에는 거의 다 쌀밥만 나오기 때문에 보리밥을 먹을 일이 거의 없다. 이렇게 우리 밥상에서마저 푸대접을 받고 있는 보리는 사실 정말 좋은 건강식이다. 고혈압이나 당뇨병 등 성인병을 앓고 있는 환자들에게도 더할 나위 없는 건강식인 것이다.

보리밥을 해서 냉장고에 넣고 그때그때 조금씩 덜어 전자레인지에 데워 먹으니 맛이 좋다. 특히 냉장고에서 먹다 남은 나물이며 열무김치를 꺼내 고추장, 참기름 등을 넣어서 양푼에 비벼 먹으니 밥맛이 없을 때도 한그릇 뚝딱 해치우게 되었다.

다시 생각해 보면 여름철 보리밥은 소화도 잘 될 뿐더러 더위로 지친 우리 몸에 활력을 불어넣어준다. 영양학적으로는 쌀보다 10배가 넘는 섬유질을 함유하고 있어서 보리밥을 먹으면 그만큼 화장실도 빨리 갈 수 있으며, 방귀도 잘 나온다. 오죽하면 '보리밥 먹고 방귀 뀐다'는 말도 있을까.

보리는 요즘처럼 고(高) 영양으로 인해 생기는 각종 질병을 막을 수 있는 웰빙 음식이기도 하다. 보리로 만든 막걸리, 보리 누룽지, 보리빵, 보리 케이크, 보리떡, 보리 쿠키 등 다양한 제품들은 건강 웰빙 음식으로 강력 추천한다. 특히 보리 누룽지는 우리 몸의 독소를 배출해 내는 데 특효라고 한다. 요즘 사회에 열 받아서 죽겠다는 분들은 보리차를 많이 드시길 바란다. 그러면 열도 내리고 웃음이 절로 나올 것이다.

얼마 전 서울의 암(癌) 치료 전문병원에서 웃음 치료 강연을 하면서 암 환자를 위한 식단을 살펴보니, 채소류와 생선류가 많이 포함돼 있었다. 놀란 것은, 과거 어렵게 살던 시절에 먹었던 자연식이 대부분이라는 점이었다. 기름기 하나 없던 가난한 밥상이 이제는 암 환자를 치료하는 특별한 치료 음식이라니! 요즘 그 흔한 당뇨병은 옛날에 못살던 시절에는 생각지도 못한 병이었다.

그런 의미에서 '나이가 들면 시골로 내려가겠다'고 하는 사람들이 많아지는 건 당연한 일인지도 모르겠다. 온 산천에서 나는 푸성귀들이 지금은 웰빙 음식이니 말이다. 〈나는 자연인이다〉라는 TV 프로그램이 중년 남성들의 로망이 되는 건 아마도 보리밥 먹고 방귀 한 번 크게 뀌고 싶은 어린 시절의 추억이 소중하기 때문일 것이다.

인간은 들어간 것이 잘 나오면 건강하게 살 수 있다. 우리의 감정도 마찬가지다. 안에 쌓아 놓지만 말고 보리밥 먹고 방귀 한 번 크게 뀌는 것처럼 "푸하하 하하하" 하고 시원하게 웃어보자. 웃음과 함께 안에 있던 독소들이 전부 빠져나와 피부마저 매끈해지는 것을 느낄 수 있을 것이다. 웃음만큼 훌륭한 독소 제거 요법도 없다.

예전엔 남자가 웃으면 체신머리가 없다 하고, 여자의 웃음소리가 담을 넘어가면 그 집안이 망한다고 하며 웃음을 옥죄었다. 결국 그 탓에 우리 사회가 웃음을 잃어버려 사회는 극명하게 양분화되고,

암, 뇌졸중, 심혈관질환, 자살 등으로 날이 갈수록 많은 사람들이 불행하게 삶을 마감하고 있다.

웃음도 건강할 때 웃어야 보약이 되는 법이다. 보리밥 먹고 방귀 뿡~~~ 뀌고 똥배에 힘주고 "푸하하 하하하" 입 벌려 크게 웃자! 인생, 별거 없다.

다 같이 돌자,
동네 한 바퀴

아침에는 그나마 조금 선선해서 살 것 같은데 오전 열 시만 넘으면 그야말로 뜨거운 태양이 강렬하게 내리쬔다. 게다가 비라도 흩뿌리면 훌쩍 자라나버린 잡초를 보고 있을 수만은 없게 된다. 또 아파트에서 살다가 주택가로 이사를 와보니, 길가의 담배꽁초와 각종 쓰레기가 주택가의 큰 골칫거리라는 실상이 너무나도 선명하게 와 닿았다. 그리하여 요즘 내 일상은 아침 일찍 일어나 화단 잡초를 뽑거나 집 주변의 쓰레기를 줍는 일로 시작된다.

매일 아침 우리집 주변의 담배꽁초, 1회용 커피잔, 음료수 캔 그리고 마스크 등 쓰레기를 줍는데, 집 옆이 동네 경로당과 성당이라 지나치는 어르신들께 가볍게 인사를 드리기도 한다. 엊그제는 다른 어르신들보다 목청이 크신 어머니께서 경로당으로 들어서시면서 "어따~ 요 옆집 아저씨가 우리 경로당도 청소해불고 인사도 잘허신당게~ 머하요, 우리도 나가서 쓰레기도 줍고 운동헙시다!"라고 한소리 하시는 게 아닌가. 목소리가 거의 동네 이장님 확성기 수준이시라서 나오지 않을 수가 없으셨는지, 잠시 후 네 분의 할머니들께서 나오시더니 집 앞 어린이공원의 쓰레기를 줍고 다니신다.

나는 이미 쓰레기 줍기를 마치고 어린이공원에서 아침 운동을 하며 허공에 발차기를 하고 있는데, 한 어머니께서 "아따~ 젊은 양반이 좋은 취미를 가지셨소야~" 하며 부러워하신다. 요즘은 공공근로자들께서 공원 청소를 하시지만, 할머니들께서 가끔 이렇게 청소를 해놓으시면 아침 동네 분위기도 맑고 한층 깨끗해서 기분이 덩달아 좋아진다.

아침 청소가 끝나면 집에 올라와 찻물을 끓이고 아내와 아침 찻자리를 갖는다. 아침 찻자리를 하면서 약 한 시간 동안 우리는 많은 대화를 나눈다. 그 덕인지 우리 부부는 사소한 일로 티격태격하는 일이 거의 없다. 작은 쓰레기 줍기로 시작해서 아침 운동을 하고, 부부간 대화를 하며 차를 나누어 마시고, 가족들과의 기분 좋은 아침 식사로 이어지는 하루는 코로나 시대를 이겨 나가는 나의 소확행 생활이다.

한 여인을 사랑한 남자가 있었다. 그는 그녀에게 다가갈 엄두를 내지 못하고 400여 통의 편지를 썼다. 그러나 단 한 통의 답장도 받지 못한 채 안타깝게도 그녀의 결혼 소식을 듣게 된다. 그 행운의 사나이가 누구인가 했더니, 어이없게도 자신이 쓴 400여 통의 편지를 전해 주던 집배원이었다. 결국 이 이야기가 남기는 교훈은, 400여 통의 일방적인 구구절절함보다 눈빛 한 번의 만남이 얼마나 소중한가이다.

코로나 탓만 하기에도 부끄럽게 요즘 우리는 이웃 간에 눈도 안 마주치고, 옆집 개짖는 소리가 듣기 싫다고 경찰에 신고하고, 층간소음 때문에 살인까지 저지르는 세상이 되었다. 그래도 내가 먼저 미소를 지으며 눈인사를 건네면 마음의 벽이 허물어지고 굳었던 마음들도 자연스럽게 부드러워질 것이다. 비단 큰 자선 기부를 한다거나 릴레이 캠페인이 아니더라도, 작지만 선한 영향력은 내가 사는 주변을 아름답게 만들 수 있다.

웃음 강의를 하면서 느끼는 건데, 웃기는 상황이 아니어도 강사의 웃음소리에 참석한 분들은 모두 빙그레 미소를 짓는다. 웃음 바이러스는 감기 바이러스보다 30배 이상, 코로나 바이러스보다 수십 배의 전염성이 가진 게 분명하다. 그 즉시 웃음이 나오기 때문이다.

비대면 일상이 늘어나고 바이러스 감염 위험 때문에 스킨십도 줄어들면서 가상세계(메타버스)로의 전환이 급속히 늘어나고 있다. 믿고 싶지 않은 현실 속에서 인간의 정서적 고립은 심화되고 있다.

그동안 좋은 인연으로 만났던 지인들의 병환이나 영면 소식에 가보지도 만나지도 못하는 게 안타까운 현실이지만, 내 주변에서나마 작은 미소를 불러일으키는 소소한 일상으로 마음의 위안을 삼아본다.

요즘 자기 상가 앞 쓸기 운동이 한창이다. 소상공인들이 코로나로 인해 어려운 상황에서도 영업을 마치고 본인 가게 앞을 깨끗이 치우는 것이다. 이런 작은 마음들이 모여 아침에 출근하는 사람들에게 한층 좋은 기분을 선사할 것이고, 그 청결함으로 인해 손님도 매장을 찾게 될 것이다.

동네 한 바퀴 돈다는 마음으로 주변을 걸으며 작은 선행을 통해 아름다운 꽃이 고개를 내밀 수 있는 공간을 만들어주자. 코로나 시대에 작은 행복을 만들어 가는 것은, 동네 한 바퀴 돌면서 만나는 작은 꽃 한 송이와의 만남으로도 충분하다.

더하기와 빼기

한 해가 저물어 간다. 며칠 전 크리스마스였는데 길거리의 사람은 차라리 여느 주말 인파보다 더 적었다. 그야말로 쥐 죽은 듯 조용한 연말을 보내고 있다. 과연 코로나19는 언제까지 우리 삶을 피폐하게 할 것인가?

코로나19로 인하여 달라진 우리의 삶 속에서 무엇을 더하고 빼야 할까? 이제 지구는 나라의 경계를 넘어 이미 하나의 공동 운명체라는 사실을 깨닫게 되었다. '나만 잘살면 된다'는 사고방식에서 '우리 모두가 안녕(wellbeing)'한 상태를 위하여 공동 노력을 해야 한다는 것을 알게 되었다.

지구에서 벌어지는 모든 사건 사고는 거미줄처럼 서로 연결되어 있다. 즉, 관계 속에서 일어나는 일들이기 때문에 우리 모두는 여기에서 벗어날 수가 없다.

한 해를 마무리하면서 우리는 개인과 개인의 관계부터 다시 잘 설정해야 한다. 서로 간에 존경하고 존중하는 문화를 만들어야 한다. 인터넷 세상에서 살고 있는 우리는 댓글 문화로 대변되는 공격성에 노출되어 있어서 나의 기준에서 벗어나면 공격의 대상이 되어 버린다. 사회는 극명하게 양극화되어 개개인의 영혼마저 피폐해져 가고 있다.

윗사람은 아랫사람의 의견을 존중해 주고, 아랫사람은 윗사람을 존경하며, 좌우로는 서로 사랑해 주는, 그야말로 위아래 좌우의 인간성 회복이 다시 한 번 필요한 때다. 최근 인문학 강좌가 늘어나서 다행히 '나는 누구인가?(Who am I)'에 대한 본질적인 질문을 하고 있지만, 더 중요한 것은 실천할 때라는 것이다. 서로 존중하고 존경하는 '더하기' 문화, 비판과 조롱은 버리는 '빼기' 문화를 통해 그 답을 찾아보면 좋을 것 같다.

한 해가 지나가는 지금 이 시점에서 자신의 삶에서 무엇을 더해야 하고 무엇을 빼야 할 것인지 정리해 보자. 사회적 거리두기로 인하여 집에 있는 시간이 많아진 지금 이 시간이야말로 자신과의 진정한 대화를 시도해 보자. 자신이 소홀했던 자신, 가족과 주변인과의 관계도 잘 설정해 봐야겠다. 지구를 생각하는 생활 습관들도 하나씩 늘리고, 혼자서도 행복지수를 높이는 소소한 것들에서 행복을 느끼는 더하기 습관을 늘리자.

인간은 혼자 있으면 긍정적인 생각보다 부정적인 생각을 더 많이 하게 된다. 부정적인 생각이 떠오르면 꽃 이름을 불러 보거나 미소를 짓는 행위 등을 연습하면서 부정적인 생각을 줄여 가는 빼기 습관을 들이는 것도 좋겠다.

진정한 행복은 아주 즐겁지도 아주 불행하지도 않은, 무한대 도형(∞)의 교차점이다. 즉, 고요한 상태다. 코로나19 시대에 좀 더 나은 행복한 삶을 위해 고요함을 유지하는 행복 연습은, 지속적인 코로나 팬데믹 시대에 자신을 지키는 좋은 방법이 될 것이다.

지구에서 가장 오래된 종은 바이러스일 것이고, 또한 가장 오래 존재할 종도 바로 바이러스일 것이다. 산업혁명 이후 최상의 포식자로서 지구를 함부로 다룬 인간에게 겸손의 지혜를 가르쳐준 것이라고 생각하자.

지금 자신의 삶에서 더할 것이 무엇이고 뺄 것이 무엇인지만 잘 알아도 잘살고 있는 것이다. 다가오는 새해에는 무엇을 더하고 빼면서 살아볼까, 곰곰이 생각해야 할 그믐밤이다.

이루자, 이루자,
꼭 이뤄내자

우리나라가 경제적으로 어려웠던 1960~70년대를 살아본 사람이라면, 아침이면 울려 퍼지는 새마을운동 노래나 '울력(여러 사람이 힘을 합해 일을 함)'을 하며 온 동네를 청소하고 하천을 넓히며, 지붕 개량 사업으로 초가집을 허물고 시멘트 블록과 슬레이트 지붕을 얹는 일들을 기억할 것이다.

1950년 6·25 전쟁을 경험하고도 세계에서 그 유래가 없을 정도로 빠른 경제 성장을 한 배경에는, 물론 외국의 원조도 큰 힘이 되었지만, 우리 대한민국의 이루고 또 이루어 나가는 근면의 정신이 큰 뒷받침이 되었다. 또한 자식만큼은 공부를 시켜야 한다고 학교로, 도시로 올라가 하얀 밤을 지새우며 주경야독을 했기 때문에 지금의 대한민국이 있다고 생각한다.

필자는 강연을 할 때 "지금의 대한민국은 바로 어머니들의 기도로 만들어진 나라"라고 말하곤 한다. 전쟁을 치르고 돌아온 고향산천은 온통 폐허가 되고, 논밭은 황폐화되어 보리쌀 한 톨 콩 한 톨 나지 않았다. 그런 땅을 우리 어머니들께서는 호미 한 자루로 일구어 나가시며 오직 자식들의 앞길을 위해 정화수(정안수)를 떠놓고 빌고 또 빌었다.

가수 나훈아의 〈코로나 극복을 위한 비대면 특별공연〉을 보면서 얼마나 많은 국내·외의 한인들이 함께 박수를 치며 그때 그 시절을 추억하며 노래하였는가? 필자 또한 미스터 트롯의 어린 가수 정동원 군이 〈보릿고개〉의 가사 첫머리에 "아야 뛰지마라~ 배 꺼질라 가슴시린~ 보릿고개길~" 하고 노래를 부르는데 울컥하고 눈물이 나왔다. 그 노랫말 속에 나오는 한 글자 한 글자가 힘들게 경제 발전을 해왔던 그 시절의 땀과 눈물을 생각나게 했기 때문이다. 코로나 블루와 레드로 대변되는 우울감과 분노를 노랫가락에 흘려보내면서 우리 국민들은 이 어려운 상황을 극복하자고 두 주먹을 불끈 쥐었다.

우리는 자수성가한 성공인들을 보면서 '나도 내 삶을 저렇게 이루어 보겠다'며 직장으로 야간학교로 뛰면서 성공을 꿈꾸었다. 성공한 사람들의 성공담을 듣다 보면, 어느 한순간 쉽게 무언가가 이루어진 적이 없다는 것을 알 수 있다. 벼랑 끝에 서서 얼마나 많은 고난의 눈물을 흘렸는가.

호미와 삽 한 자루로 우리 조국의 산하를 살기 좋은 토양으로 만들어 가던 우리 아버지들 앞에 가난과 경제적 어려움은 그 어떤 산보다 높았으리라. 그래도 자식 이불 덮어주고 새벽별을 보면서 집을 나섰던 우리 아버지들은, 산을 오르고 또 오르며 내일의 희망을 생각하며 주린 배를 움켜쥐었으리라.

지금 청년들의 일자리가 없다고, 소상공인들이 무너지고 있다고 아우성이다. 그러나 청년들이여, 그대들이 딛고 서 있는 이 땅 밑에 우리 아버지들의 피눈물이 흐른다는 것을 알고, 빠르게 변화하는 4차 산업혁명 시대의 주인이 되어라.

우리나라는 인터넷 강국이며, 정보통신의 발달로 인해 4차 산업혁명시대의 선두주자가 될 수 있는 좋은 여건을 가지고 있다. K-POP를 선두로 해서 웹툰, 게임, 영상문화 등 한국의 문화 콘텐츠는 21세기의 선도 산업으로 약진하고 있다. 세상을 빠르고 바르게 읽어내는 눈을 키워야 한다. 호남이 우리나라의 아랫배 단전에 해당하기 때문에 젊은이들의 뜨거운 열정이 배를 덥힌다면 우리는 그야말로 배 따뜻하게 살 수 있다.

팔순이 넘어서도 현역으로 뛰고 계시는 우리 지역 굴지의 건설 회사 회장님은, 가장 힘들고 어려울 때 "이 산을 넘어 이루자! 이루자! 꼭 이루자!"라고 두 주먹을 불끈 쥐고 전 직원과 매일 구호를 외치면서 위기를 극복하셨다고 한다.

코로나로 인해 어렵고 힘든 이 시기에 우리 아버지들이 하셨듯이 가게 문을 열 때 두 주먹 불끈 쥐고 "이루자! 이루자! 꼭 이루자!"라고 외치면서 '오늘도 복 받아야지'란 생각에 환하게 웃으면 복 받는 그릇이 얼굴에 생긴다.

인생 쪽박을 찰 것이냐, 복 바가지를 만들어 복을 받을 것이냐하는 문제는 바로 자신의 마음에 있다. 적응력이 강한 자만이 살아남을 것이다.

2
장

웃어라,
행복이 내 안에 있으니

자기를 사랑하라

얼마 전 학교선생님을 대상으로 하는 웃음 치료를 강의하면서 "지금까지 자기 자신에게 진심으로 사랑한다고 큰 소리로 말한 적이 있으세요?"라고 물었다. 그랬더니 눈을 휘둥그레 뜨고 의아하다는 표정으로 "아니요" 하면서 쑥스럽게 웃었다. 그렇다. 과연 얼마나 많은 사람들이 자신의 가슴에 대고 "나는 나를 정말 사랑한다, 사랑한다!"라고 말해 주고 있을까?

이른 아침 떠오르는 태양을 바라보면서 "사랑합니다! 나를 사랑합니다. 오늘 하루를 사랑하겠습니다."라고 말해 본다면 정말 아름다운 하루가 될 것이다. 일상생활 속에서 자신과 대화하면서 자신에게 사랑한다고 고백할 수 있는 방법을 알아보자.

1. 거울을 보면서 자신의 모습을 만족스럽게 생각하자

때로는 자기의 외모뿐만 아니라 능력, 성격 등 모든 것이 마음에 들지 않을 때도 있다. 자신을 사랑하지 못하면 열등감이나 자기 불신에서 벗어나지 못하고 삶의 기쁨도 찾을 수 없다. 지금부터 있는 그대로의 내 모습을 인정하고 좋아해 보자.

2. "난 네가 좋아"라고 말해 보자

"우리 마음을 어지럽히는 건 우리의 시각이다"라고 지적한 철학자 에픽테트의 말처럼 자기 신뢰는 스스로의 눈에 달렸다. 거울에 비친 자신을 똑바로 보면서 좋아하는 사람에게 고백하듯 "○○아, 네가 좋아"라고 다정하게 말하라. 남을 사랑하는 마음도 자기 사랑에서 나온다.

3. 남과 비교하지 말자

춤도 못 추고, 요리도 못하고, 언변도 없다는 등 스스로 맘에 안 드는 성격이나 행동을 자꾸 남과 비교하면 끊임없이 갈등하게 된다. 아인슈타인처럼 머리가 좋지도 여배우처럼 예쁘지도 않지만, 나는 나고 그는 그다. 한두 가지가 나보다 더 낫다고 해서 그가 더 가치 있는 인간이라는 뜻은 아니다.

4. 사람이 아닌 잘못된 행동을 비난하라

잘못을 깨닫고 옳지 않은 행동이었다고 말하는 것은 바람직하지만, 자신을 비도덕적인 나쁜 인간이라고 자학하지는 마라. 잘못은 했지만 인간으로서의 가치는 변함없다는 자기 믿음에서 잘못을 바로잡고 자신을 용서하는 여유가 생긴다.

5. 자신에게 연애편지를 써보자

자신을 긍정적으로 생각하는 말을 녹음해 놓고 수시로 듣거나 자신에게 연애편지를 써보자. '난 하나밖에 없는 소중하고 특별한 사람이다'라는 말을 반복하다 보면 그대로 느끼게 된다. 누구에게나 긍정적인 면은 있다. 60억 인구 중에 나와 똑같이 생긴 사람은 없듯 우주 안에 자신은 가장 귀한 존재이다. 수많은 정보가 공유되고 서로가 닮아 가는 세상에서 자신의 가슴에 대고 사랑한다고 고백하는 것은 진정 자신을 사랑할 수 있는 좋은 방법이다.

가끔 상담을 하다 보면 부정적인 에너지가 많이 나오는 사람이 있다. 그런 사람과 오래 앉아 있으면 어쩔 수 없이 매우 피곤함을 느끼게 된다. 그럴 때 자신을 진정으로 사랑하는 방법에 대해 안내해 준다. 그가 내 말을 진정으로 받아들이면 에너지가 금방 맑아지는 것을 느낄 수 있다.

이 우주가 존재하는 한 긍정과 부정은 한 울타리 안에서 항상 존재한다. 사랑과 미움도 사실은 한 울타리 안의 에너지일 뿐이다. 미움의 저 너머에 그만큼 사랑의 빈자리가 우리를 기다리고 있다. 그 가슴에 기대어 진정으로 나를 사랑한다고 고백해 보자. 이 아름다운 세상이 더 아름답게 느껴질 것이다.

기쁨의 에너지를
가까이 하라

　중세의 의사들은 사실 사람의 몸에 대한 지식은 많이 부족했을 것이다. 하지만 그들은 지혜로웠다. 사람의 몸과 마음이 연결되어 있다는 것을 알았고, 그것을 치료에 이용했기 때문이다. 사람의 마음이 즐거운가, 기쁜가, 슬픈가, 분노에 가득 차 있는가에 따라 몸도 다르게 반응을 한다. 그래서 그들은 치료 중 환자를 즐겁게 하는 일을 중요하게 생각했다.

　미국의 통증 치료 의사인 데이비드 브레슬러 역시 중세 의사들처럼 이러한 지혜를 잘 활용하는 의사다. 그는 환자들에게 하루 한 시간에 두 번씩 거울을 보며 웃으라는 처방전을 주었다.

　반드시 의사가 아니라 하더라도 오늘날에는 누구나 기쁨과 치유의 관계를 쉽게 이해할 수 있다. 최근 들어 의사들도 최상의 약은 웃음과 기쁜 마음을 갖는 것이라는 사실을 거의 인정하고 있다.

1989년 출간된 『건강한 즐거움(Healthy Pleasures)』에서 공저자 옴스타인(Robert Ornstein) 박사와 소벨(David Sobel)은 자신들이 생각하는 '즐거움의 원칙'을 이렇게 표현했다.

"결론적으로 말하면, 가장 건강한 사람은 즐거움을 추구하고, 사랑하고, 또 그것을 창조하는 사람들이다."

저자들에 의하면, 인간의 뇌에는 신경세포들 사이에 즐거움의 시그널을 전달해 주는 화학물질이 다량으로 존재한다고 한다. 따라서 인생을 즐길 수 있는 능력은 인간의 존속 가능성을 증진시키는 방향으로 발전되어 왔다고 할 수 있다. 음식물을 섭취하고, 자식을 낳고, 주위 사람들을 배려하는 등의 건강한 행동은 동시에 즐거운 일이기 때문이라는 것이다.

우리나라에서도 유머나 웃음이 치료요법으로 자리를 잡아가고 있고, 대학이나 평생교육원 등에서도 웃음과 기쁨에 관련된 프로그램들이 많이 개설되고 있다. 즐거운 활동을 하게 되면 '기쁨'을 느끼는데, 우리 몸에서 자연치유력을 발생시키는 단계가 바로 이 '기쁨'을 느낄 때이기 때문이다.

우리 몸이 기쁨을 느끼려면 가장 중요한 것이 바로 사랑이다. 자신을 사랑하고 남을 사랑하는 단계에서 우리는 사랑에서 오는 기쁨을 느끼는 것이다.

유머도 웃음도 사랑이라는 에너지에서 흘러나오게 된다. 항상 기쁨에 넘치는 생활을 하려면 봉사하고, 좋은 친구를 만나고, 즐거운 음악을 듣고, 동호회 활동과 신앙생활을 활발하게 하면 된다.

기쁨의 에너지를 가까이 하라.

기쁨의 에너지를 느끼기 위해서는 자신의 땀과 노력이 필요하다. 이 아름다운 날에 밖으로 나가 눈부신 햇빛을 온몸과 마음에 담아보자. 아~ 기쁨이여!

치유는 내 안에서
시작되는 것

인간의 감정과 행동은 과거의 크고 작은 정신적 상처의 영향을 받는다. 그래서 사람마다 어떤 특정 상황에서 예민해질 수가 있다. 생각과 감정에 영향을 받은 몸은 사람마다 각기 나타나는 증상이 다르다. 웃음을 잃어버린 사람들을 보면 그 이유들도 다양하다. 그래서 웃지 못하는 삶을 살고 있었을 때 사실 본인보다 그 원인을 더 잘 알고 있는 사람은 없다. 하지만 자신의 눈으로는 자신의 코를 볼 수 없듯이 다른 사람을 거울로 하여 바라보는 수밖에 없다.

대부분 사람들은 '치유'와 '치료'를 확연히 구분 짓지 못하는 경우가 많다. 그러나 치유와 치료는 접근 방법부터 분명한 차이가 있다. 치료는 의사가 하는 것으로, 주로 외과적인 처방을 말한다. 즉,

약물이나 수술 요법은 증상을 감추거나 없애주기는 하지만 증상을
일으킨 근본 원인을 생각하지 않는다. 치유는 치료 이상의 의미를
갖는다. 치유(healing)는 자연의 과정이며, 누구에게나 내재된 천부
적인 힘이다. 그래서 치유는 언제나 그리고 반드시 우리 안에서 시
작된다. 그리고 그 병이 일어나게 된 근본적인 이유를 파고든다. 질
병의 원인을 삶의 감추어진 부분들에서 찾으려고 한다.

웃음 치료(Laughing Therapy)란 웃음으로 우리 몸의 부조화를 치
료하는 행위를 말한다. 인간이 가진 신체적·정서적·정신적·사회적·
문화적인 불리함을, 웃음을 유발하는 노래·춤·게임 등의 행위를 통
해 예방·재활·치료하는 것이다.

웃음 치유(Laughing Healing)란 웃음으로 우리 마음의 부조화를
근원적으로 해결하는 행위를 말한다. 상담·대화·명상·종교활동 등의
방법을 통해 스스로 원인을 파악하고, 내면으로부터 그 해결책을 찾
아서 마음을 정상적으로 건강하게 만드는 행위인 것이다.

우리의 몸은 외부적인 요인에 의해 자극을 받기도 하지만 내부적
인 감정의 부조화에 자극받기도 한다. 그래서 웃음으로 치유한다는
것은 내부적인 문제를 해결하는 데 초점이 맞춰지고, 웃음 치료는 외
부적인 자극에 의해 억지웃음을 유도하여 병을 치료하는 것이다.

웃음 치료는 고대로부터 시작되었다. 2,500년 전 의학의 아버지
히포크라테스는 '건강은 몸과 마음의 균형이 이루어진 상태'라고 정

의하며 심신의 건강을 웃음과 함께 강조했다. 몸이 아프면 마음까지 함께 치료해야 하는데, 웃음이야말로 몸과 마음을 함께 치유하는 최고의 수단이라고 여긴 것이다.

고대의 의사 밀레투스가 쓴 『인간의 특성』이라는 의서를 보면, "웃음의 어원은 헬레(hele)이고, 그 의미는 건강(health)이다."라고 기록되어 있다. 이는 고대부터 이미 웃음이 몸과 마음의 중요한 건강법이라는 사실을 알고 있었다는 말이 된다. 고대 그리스의 병원이 대개 원형 경기장이나 공연장 근처에 위치해 있었던 것은 아픈 환자를 즐겁게 하기 위한 웃음 치료의 일환이라 하겠다.

환자의 꿈과 몸의 증상을 연구했던 패트리시아 라이스(Patricia Reis)는 "치유의 진정한 의미는 한 개인의 삶에서 잃어버린 것을 되찾는 것이다. 그것이 때로는 죽음일 수도 있다. 그러나 치유는 삶을 의미 있고 충만하게 살 수 있는 기회이다."라고 했다.

평소 몸을 소중하게 생각하고 몸이 전해 주는 메시지를 귀담아들을 때 삶을 근본적으로 치유할 수 있다. 몸의 징후는 영혼이 우리의 관심을 끌기 위해 겉으로 드러낸 표현이다. '몸의 지혜를 믿는다'는 것은, 정신과 육체의 관련성을 인식하지 못하는 사회구조를 뛰어넘는다는 뜻이기도 하다.

기억하자! 치유는 언제나 우리 자신에게서부터 시작된다.

신라의 미소,
얼굴무늬수막새

2018년, 신라시대의 한 수막새가 보물로 지정되었다. 바로 '신라의 미소'라고 불리는 얼굴무늬수막새이다. 일반적인 수막새는 대부분 연꽃무늬(연화문수막새, 蓮花文圓瓦當)로, 이처럼 사람 얼굴을 표현한 것은 대단히 희귀한 경우이다. 하지만 반 원통형의 수키와를 붙였던 자국이 뒷면에 그대로 남아 있는 걸 보면 실제로 지붕에 쓰였던 것임을 알 수 있다.

게다가 얼굴무늬수막새는 틀에 찍어 대량생산한 것이 아니라 틀로는 형태만 잡은 후 손으로 직접 얼굴 모습을 만들고 도구를 써서 마무리한 것임이 밝혀졌다. 오른쪽 아래 부분이 부분적으로 파손되었으나 이마와 두 눈, 오똑한 코, 잔잔한 미소와 두 뺨의 턱 선이 조화를 이룬다. 수줍은 듯 살짝 미소 짓고 있는 신라 여인의 모습이 자연스럽게 느껴지는 우수한 작품이다.

이러한 모습을 기막히게 표현한 동시가 있다. 바로 이봉직의 「웃는 기와」이다.

옛 신라 사람들은
웃는 기와로 집을 짓고
웃는 집에서 살았나 봅니다

기와 하나가
처마 밑으로 떨어져
얼굴 한쪽이
금가고 깨졌지만
웃음은 깨어지지 않고

나뭇잎 뒤에 숨은
초승달처럼 웃고 있습니다

나도 누군가에게
한 번 웃어주면

천년을 가는

그런 웃음을 남기고 싶어

웃는 기와 흉내를 내어 봅니다.

　읽는 것만으로도 얼굴에 미소가 지어지며 얼굴무늬수막새의 미소가 절로 떠오른다. 우리 선조들이 지붕 처마를 죽 돌려 여인의 미소가 담긴 기와로 장식했다고 생각하니, 우리 조상들의 낙천적이고 긍정적인 성품이 느껴지는 것 같다.

　기와에 얼굴을 표현하는 것은 주술적으로 불행이나 재해, 나쁜 기운을 물리치기 위한 것이라고 해석한다. 수막새에는 '귀면막새'라고 하여 험상궂은 얼굴을 한 막새도 있다. 병과 불행을 몰아오는 악령이 가까이 다가오지 못하도록 눈을 부라려 내쫓기 위해 험상궂은 얼굴로 노려보고 있는 것이다.

　그렇다면 순둥순둥한 얼굴무늬수막새에는 어떤 의미가 담겨 있는 것일까. 아마도 나쁜 기운이 올 때 미소 띤 얼굴로 반기면서 오히려 해코지 못하게 하려는 의도가 숨어 있는 건 아닐까. 즉, 부라리는 눈매로 경고를 날릴 수도 있지만 따뜻한 미소로 나쁜 기운을 누그러뜨리려는 선조들의 전략적인 지혜가 숨어 있는 것이다.

　결국 나그네의 외투를 벗긴 것은 바람이 아니라 해님이었다는 사실을 기억하자.

행복해지고 싶거든
행복하여라

언젠가 여든 살이 넘으신 어르신께서 행복에 대한 소견을 펼친 글을 읽었다. 행복은 미래의 가치에 있는 것이 아니고 '지금'이라는 현실 속에서 찾아야 한다는 것이었다.

"나는 무슨 일이든 완벽하게 하려고 했지. 실수할까 두려워 몸을 사리면서 말이야. 다시 한 번 세상을 살 수 있다면 쓸데없는 것들에 매달리지 않겠어. 그냥 느긋하게 삶을 즐길 거야. 여행도 자주 가고, 많은 산을 오르고, 많은 강을 헤엄쳐 건너고, 한 번도 가보지 못했던 곳을 다 가보고 싶어. 내가 좋아하는 것은 많이 먹고, 아무리 건강에 좋다고 하더라도 싫어하는 것은 조금만 먹을 거야. 진짜 고통은 더 겪어도 좋지만, 상상 속의 고통 따윈 겪지 않을 거야. 시간을 되돌릴 수만 있다면, 그 순간들을 되찾을 수만 있다면 가벼운 차림으로 여행을 떠날 거야. 다시 태어난다면 이른 봄에는 맨발로 풀을 밟고, 가을이 깊어지도록 그 향기를 느껴보겠어. 회전목마도 많이 타고, 해가 솟아오르는 광경도 자주 지켜볼 거야. 손주놈들과도 오래 놀겠어. 다시 세상을 살 수만 있다면."

인도의 한 현자는 이렇게 말했다.

"행복해지고 싶거든 행복하여라!"

삶의 행복을 성취하는 비결에 대한 함축적인 진리가 담겨 있는 말이라 하겠다. 이 말과 비슷하게 말해 본다면 "웃고 싶거든 웃어라"이다. 많은 사람들이 그냥 웃으면 될 것을 웃지 못하는 여러 가지 이유를 댄다.

그냥 웃으면 된다. 그런데도 마음을 밧줄로 묶어 놓고 웃지 못하는 이유만 댄다. 행복해지고 싶거든 미래를 위해 오늘을 희생하지 말고 지금 행복한 일이 무엇인지, 지금 무엇이 나를 행복하게 하는지 생각하고, 지금 행복해져야 한다. 지금 불행한 삶이 미래의 삶을 행복하게 하지는 못한다.

오랜 기간 동안 행복을 이야기해 온 정신과 전문의 김진세는 현 시대가 "경제적으로는 부유하지만 행복은 빈곤한 시대"라고 일갈한다. 대부분의 사람들은 행복해지기 위해 열심히 하루를 살아가지만 행복하다고 말하지 않는다. 그는 그 이유를 우리 사회의 전반적인 가치관이 물질적인 것에 치우쳐 있기 때문이라고 지적한다.

물론 그중에는 행복한 사람들도 있다. 베르나르 베르베르는 불안을 창작의 힘으로, 방송인 김미화는 어린 시절 겪었던 결핍감을 웃음으로 승화시켰다. 이들은 애초 불안과 결핍을 대하는 태도가 달랐다. 불행한 사람들과 달리 자신의 상황을 긍정적인 것으로 바꾼 것이다. 이들의 공통점은 '행복을 만드는 힘'에 있는데, 그것은 바로 자신만의 강점에 집중하는 일이다.

예를 들면 산악인 엄홍길 대장은 산에서 동료를 잃고 생과 사를 오가는 공포와 부딪혔다. 회복탄력성이 강한 전형적인 인물이었던 엄 대장은 '걱정하지 마, 겁내지 마, 괜찮아'라고 자신을 다독이며 자신과 싸운다. 이런 사람들은 내면지능(자신의 감정에 민감하고 스스로 동기를 부여할 줄 안다)이 다르다. 내면지능이 실패의 공포를 금방 이겨낸다. 강점에 집중하여 상황을 반전시키기 때문이다.

류시화 시인은 "인생에 주어진 의무는 다른 아무것도 없다네. 그저 행복이라는 한 가지 의무뿐, 우리는 행복하기 위해 세상에 왔지."라고 노래했다. 그의 시처럼 우리는 행복하기 위해 그것을 찾으면서 하루하루를 살아간다.

하지만 행복은 눈에 보이는 것이 아니다. 그저 행복을 잡기 위해 현실을 바라보지 않거나 지금의 순간을 포기하고 살아간다면, 그만큼 어리석고 안타까운 일도 없을 것이다.

웃음이라는 보약

링컨은 어린 나이에 어머니를 여의었고 스무 살에는 누이를 앞서 보냈다. 스물세 살에 사업에 실패하여 파산했고, 그 후 계속하여 선거에 출마했지만 낙선했다. 스물여섯 살엔 연인을 잃었고, 스물여덟엔 정신병원에 신경쇠약으로 입원했다. 계속해서 선거에 출마하고 낙선을 했지만, 쉰한 살 때 마침내 대통령이 되었다. 이 모든 일련의 과정에 그의 웃음예찬론이 있었다.

내가 걷는 길은 험하고 미끄러웠다. 그래서 자꾸만 미끄러져 길바닥 위에 넘어지곤 했다. 그러나 곧 기운을 차리고 나 자신에게 말했다. '괜찮아! 길이 약간 미끄럽긴 해도 낭떠러지는 아니야.' 만약 내가 웃지 않고 살았다면 나는 죽었다. 여러분도 웃음이라는 보약을 복용하라.

필자 또한 열네 살 때부터 소중한 가족인 아버지, 여동생, 형을 차례로 병으로 잃었다. 가족이라는 소중한 존재를 잃고 나서야 비로소 삶의 소중함을 깨달았다. 왜 살아야 하고, 왜 살아내야 하며, 하늘나라에 계시는 아버지와 형제들을 위해 어떤 삶을 살아가야 하는지를 깨닫고 나는 웃음의 길을 선택했다.

나의 웃음은 단순한 가십거리로 웃는 웃음이 아니다. 영혼과의 대화이고, 삶을 통째로 흔들어대는 웃음이다. 웃음이 사람의 생명을 살리고, 지구를 살리고, 영혼을 살리는 소중한 보물이라는 사실을 나는 안다. 그래서 이를 세상에 널리 알리고 싶다는 마음으로 그동안 수만 킬로미터를 달렸고, 수십만 명을 만나 외쳐 왔다.

"여러분! 웃음은 생명을 살립니다. 웃기만 해도 우리에게는 삶의 희망이 생깁니다. 그러니 웃어요, 웃어 봐요. 걱정을 버리고, 나 자신을 칭찬하고, 모든 일에 감사하며, 가슴속에 있는 미운 감정을 버리세요. 자~ 다 같이 웃어버리세요~ 하하하~하하하!"

웃음만한 약이 없는 것이다. 그런데 이 약(藥)이라는 한자를 가만히 들여다보면 세상의 이치가 새삼 조화롭다.

약은 즐거울 락(樂)과 풀 초(艸)가 합쳐진 것으로, 즐거운 마음과 좋아하는 마음이 풀처럼 자라나는 것이라고 볼 수 있다. 그러므로 약을 복용할 때 즐거운 마음이 함께 해야 진정한 치료라고 볼 수 있다. 풀처럼 몸과 마음이 부드러워야 한다는 것이다.

즐거울 락(樂) 자의 한가운데에 있는 백(白) 자에서 날 일(日) 자가 보인다. 일(日)은 태양을 뜻하는 열정, 즉 뜨겁고 밝은 마음이 있어야 한다. 즐거움이란 어디에서 오는 것일까? 바로 마음에서 나오는 것이다. 흥에 겨워서 노래 부르거나 심신의 합을 이루는 운동을 한다거나 마음과 마음이 통하는 인간관계가 즐거움의 기본이 된다면 얼마나 좋을까.

즐거울 락(樂) 자의 밑에 있는 나무 목(木) 자는 나무처럼 굳은 뿌리로 흔들리지 않는 마음, 풀처럼 자연에서 자라는 허브나 약초, 그 외의 생명력 있는 먹을거리를 먹는 것이 약이라는 의미일 것이다.

'마음의 즐거운 명약'이 바로 즐거움이요, 웃음이다.

웃음은 생명을 살리는 매우 중요한 삶의 방식이다.

행복 교과서

하버드 대학에서 가장 인기 있는 교양 과목으로 '행복학'이 선정된 적이 있다고 한다. '행복학'이라니, 이제 우리는 행복도 배워야하는 시대가 되었다. 그냥 마음으로 느끼는 것이 아니라, 행복도 내비게이션의 안내를 받아야 하는 세상이 된 것이다.

행복 교과서에 나온 내용을 살펴보면 다음과 같다.

1. 행복의 색깔은 저마다 다르다

그렇다, 행복은 극히 주관적인 개념이기 때문에 행복을 느끼는 척도가 다를 수밖에 없다. 획일화되고 평균이라는 수치에 길들여진 우리들에게 행복의 색깔은 얼굴만큼 다양할 수밖에 없다는 사실을 인정해야 할 것이다.

2. 감사하면 행복해진다

누군가 필자에게 웃음의 씨앗이 무엇이냐고 물었을 때 '감사'라고 대답했다. 그러면 감사의 각도는 몇 도일까. '23.5도'라고 대답한다. 왜냐하면 지구가 기울어진 각도가 23.5도이기 때문이다. 무언가 약간 기울어지고 약간 엇박자일 때가 좋은 것이다.

3. 관점을 바꾸면 행복이 보인다

바라보는 각도를 약간만 바꿔도 우리 안의 자아(自我)가 무엇을 원하는지 알 수 있다. 누구나 삶을 바라보는 관점이 다르다. 사람들은 함께 살아가지만 서로 다르다는 것을 인정해 주어야 하는데, 서로 같아지기만 바라다 보니 행복보다는 불행을 자초하게 되는 것은 아닌지 생각해 보자.

4. 꿈이 있으면 행복하다

요즘 청소년들을 만나면서 느끼는 것 중의 하나가 꿈이 없다는 것이다. 꿈은 우리의 삶을 알차게 만들어주는 훌륭한 자양분이다. 꿈을 갖게 되었을 때 우리는 살아가야 하는 이유를 알게 되고, 삶을 사랑하게 된다.

5. 몰입하면 행복하다

몰입은 엔도르핀 호르몬 등 긍정적인 호르몬을 나오게 함으로써 어떤 일에 지속성을 부여해 준다. 자신이 좋아하는 일에 몰입할 때 시간과 공간을 넘는다.

6. 행복은 노력으로 만들어진다

행복이 하늘에서 그냥 떨어진다고 해도, 그것을 담을 만한 그릇을 만드는 노력은 해야 한다. 큰 행복을 담으려면 큰 그릇을 만들어야 한다. 금메달을 딴 선수의 환한 웃음 속에는 '피눈물 나는 노력'이 숨어 있다는 사실을 알아야 할 것이다.

7. 가까운 곳에 행복이 있다

행복을 찾아 떠난 소년처럼 무지개는 비가 온 후 우리에게 비추어지는 허상일 뿐이다. 그 무지개를 손에 넣으려고 하는 건 어리석은 짓이다. 깨달음이나 자신을 찾는 일도 멀리 있는 것이 아니라 일상 속에 있다는 사실을 간과해서는 안 된다.

우리를 가장 행복하게 해줄 사람은 멀리 있는 것이 아니고 가까이에 있는 가족이다. 가족에게 따뜻한 미소를 건네주면 그것이 바로 행복의 시작이다.

8. 행복도 연습이 필요하다

자신이 가장 행복한 순간을 떠올리면서 그 순간의 표정들과 마음을 연습해 보자. 그러면 그 순간 행복은 우리 안에 머문다.

오늘도 행복하시기를….

요람에서 무덤까지
웃는 세상

필자의 웃음 강연을 듣는 사람들은 처음에는 징허게 웃는다.

"무슨 대학교수가 저렇게 웃긴다냐~" 하면서 "얼씨구! 그렇지! 잘~ 헌다~!" 하며 따라 웃다가 나중에는 울고 나온다. 원래 "국산 고무신은 울려야 돈을 번다"라는 영화계의 속설이 있다. 그래서 과거 우리나라 영화 대부분은 눈물의 서곡들이 많았다. 그 눈물의 카타르시스를 느끼고 나서야 가슴에 쌓인 한이 풀려 나가고 일상으로 돌아올 수 있었던 것이다.

요즘 삶이 그런 것 같다. 아침에 가장 먼저 우리가 접하는 뉴스는, 내가 원하든 아니든 간에 수많은 죽음 소식이다. 각종 살인사건, 성범죄, 어린아이 유괴사건, 전쟁으로 인한 죽음, 사고로 인한 갑작스러운 죽음에 대해서 너무도 상세히 알게 된다.

　필자의 젊은 시절 화두가 바로 '죽음'이었는데, 그 죽음에 대해 깊은 사념과 고뇌를 해본 결과 '기왕에 죽는데 웃고 죽는 것이 제일 현명하다'는 판단이 섰다. 그래서 〈0100 범국민 웃음운동〉, 즉 '요람에서 무덤까지 웃는 세상'을 펼치게 된 것이다.

　우리 남도의 소리 중에 많은 소리들이 만가(輓歌), 즉 상여를 끄는 소리에서 파생되어 온 것들이다. 사람이 죽어서 떠나는 그 길고 긴 고갯길은 소리를 통해 함께 한다. 대부분 상여소리는 짧은 인간의 수명에 대한 탄식, 장지(葬地)로 가는 도중에 느끼는 어려움, 죽음이 가까운 곳에 있다는 인식, 고인(故人)을 보내는 안타까운 심정, 상여를 운구(運柩)해 장지(葬地)로 가는 정회(情懷) 등으로 이어진다.

　또 망자의 한을 풀어주는 씻김굿은 '안당 → 초가망석 쳐올리기 → 손님굿 → 제석 → 조상, 액맥이 → 고풀이 → 영동말이, 씻김 → 넋풀이 → 희설 → 길닦이 → 종천맥이'로 구성된다. 대부분의 소리굿에서 찾아볼 수 있는 그 원형이 바로 여기에서 나오고, 인간사 희노애락(喜怒哀樂)이 여기에서 나온다.

　21세기 정보의 발달로 인해 우리는 알 필요가 없는 내용까지 귀에 담게 되는 운명에 놓여 있다. 인간 세상사 즐겁고 재미나게 살면 얼마나 좋을까?

　인생은 진양조로 태어나서 중모리로 살아가고 사춘기가 넘어가면서 중중모리로 가더니 청년시절이 지나면서 자진모리로 인생의 극치를 달린다. 결혼해서 자식 낳고 죽기 살기로 살다 보니 세마치로 살아가고, 자녀 출가시키고 나니 인생의 속도는 휘몰이로 접어든다. 인생이 화살 같아 되돌아보니 너무 빨리 와버렸다.

그렇다 보니 아이고, 엇모리로구나! 내 인생이 엇박자 인생이었구나! 그때 땅을 치고 "좀 더 주고 살 것을, 좀 더 사랑할 것을, 좀 더 웃고 살 것을…" 하고 후회한들 무엇허리. 돌아온 길 다시 되돌리려고 했더니 누군가가 나의 죽음 앞에서 다시 '진양조' 가락으로 상여 소리가 시작되더라.

인생이 그렇게 돌고 도는 것을…. 어차피 사는 인생, 욕심·근심·증오심, 이 세 가지 마음만 버리고 살아보세. 오늘도 저 태양은 나를 위해 뜨는구나. 감사! 감사! 감사!

하회탈 웃음

하회탈을 쓰고 하는 '하회별신굿'이라는 탈놀이가 있다. 그 시절의 양반사회를 풍자하여 탈을 쓰고 웃고 즐긴 놀이다. 탈은 인간이 도달할 수 없는 신분의 세계나 신의 세계를 표현하여 자신을 숨기고 부조화된 내면에 퍼진 감정의 찌꺼기를 걸러내는 좋은 도구다.

치료적 의미의 웃음을 공부하면서 새롭게 만난 웃음이 바로 하회탈 웃음이다. 이 탈을 가만히 보고 있으면 나도 모르게 입꼬리가 딸려 올라간다. 그리고 행복해진다. 이것이 의학적으로, 심리학적으로 말하는 안면 피드백 효과이다.

입꼬리를 올리고, 눈꼬리를 내리고, 하회탈처럼 웃는 표정을 만들고 있으면, 이런 표정에 따라 감정이 변한다. 우리의 표정은 12신경 중에 제7번신경인 안면신경의 지배를 받고, 감정의 변화를 가져온다. 즐겁지 않는 상황이라 해도 즐거운 생각을 하며 의도적으로, 즉 억지로 웃는 표정을 만들기만 해도 걱정보다 행복한 기분이 앞선다. 얼굴 근육이 만들어내는 표정 정보가 거꾸로 뇌에 전달되어 반응을 나타내기 때문이다. 정녕 웃을 일이 없다면 억지로라도 웃어보자.

두 손으로 얼굴을 마음껏 주물러 바로 깨진 쪽박 탈을 만들어보자. 아주 부드럽게 안으로, 안으로 얼굴 근육을 모아 쪽박을 한 상태로 상대방을 보거나 거울을 보라. 단 한 번도 볼 수 없었던 자신의 이상한 모습 앞에 배꼽을 잡고 웃게 될 것이다.

웃음요가를 시작하는 초기에는 대부분의 분들이 남들 앞에서 웃는 것을 쑥스러워하신다. 그래서 필자가 생각해 낸 것이 바로 하회탈이다. 하회탈을 쓰고 웃음요가를 시작하도록 한 것이다. 하회탈로 얼굴을 가려주었더니 쑥스러워하던 분들도 더 자연스럽게 웃는 것이 느껴졌다.

그렇게 해서 만들어진 웃음요가의 동작이 '하회탈 웃음'이다. 자신의 손바닥으로 얼굴을 살짝 가리고 웃게 하는 동작인데, 무척 재미있다. 필자가 웃음 치료 도구로 하회탈을 이용하는 것은, 하회탈 자체가 아주 건강한 웃음이며 언제 어디서나 행복을 가져다주기 때문이다.

웃음은 호흡이요 생명이다. 웃음으로써 우리 몸은 면역력을 높이고, 웃음으로써 느끼는 행복감 덕분에 다양한 호르몬이 분비되어 몸의 기가 잘 통하여 건강해진다. 이는 연구 결과로도 증명된 사실이다.

미국 로마린다 의대의 리보크 교수와 스탠리 교수는 '인체 면역성 강화 실험'으로, 열 명의 남성에게 코미디 프로그램을 한 시간 동안 시청하게 했다. 그들은 실험군의 코미디 프로그램 시청 전후, 혈액 속에 있는 면역체 증감에 주목했다.

그 결과, 코미디 프로그램 시청 후 바이러스에 대한 저항력이 강해지고, 백혈구와 항체 생성에 중요한 면역 글로블린이 3배나 증가했다는 사실을 알아냈다. 또한 세포 조직의 증식에 도움을 주는 인터페론 감마도 200배나 증가했다고 발표했다.

미국 인디애나 주 볼 메모리얼 병원에서도 외래 환자들을 관찰한 결과, 웃음이 스트레스 호르몬인 코티졸의 양을 줄여주고, 엔도르핀이나 엔케팔린 같은 유익한 호르몬을 많이 분비시킨다고 발표했다. 그들은 "하루에 15초를 웃으면 이틀을 더 산다"며 웃음의 중요성을 강조했다.

웃음은 생명을 살리는 매우 중요한 삶의 방식이다.

웃을 수 있는 용기

데이비드 호킨스 박사는 『의식혁명』이라는 책에서 "용기는 인간의 의식 레벨을 부정적 에너지에서 긍정적 에너지로 끌어올리는 시작"이라고 말한다. 그 아래 단계에 있는 '자존심'이나 '두려움' 같은 의식 단계들은, 인간의 의식을 진화시키지 못하는 부정적 에너지에 속한다. 그러나 '용기'라는 단계는 우리의 의식을 긍정의 에너지로 전환시켜주고, 모든 일을 가능하게 만들어주는 매우 중요한 감정 상태를 말한다. 한 개인의 용기를 생각하면 머리에 떠오르는 사람이 있다.

상해 임시정부 청사의 전시장에는 빽빽한 자료들과 사진이 벽면을 가득 채우고 있다. 흑백 사진들을 하나하나 들여다보면서 한 사람, 한 사람의 삶을 묵상해 보면, 그들이 겪었을 많은 사연들이 머릿속에 그려진다. 대한민국 임시정부 국무위원 기념 사진도 보이고, 손에 폭탄을 들고 태극기 앞에서 절명사를 가슴에 붙인 채 서 있는 윤봉길 의사의 사진도 있다. 그의 나이 24세였다. 그 사진 옆에 낯익은 또 하나의 사진이 있다. 바로 이봉창 의사의 사진이다.

1900년 구한말에 태어난 그는 유복한 가정에서 자랐으나 가세가 기울자 일본으로 건너갔다. 오사카에서 살며 이름을 '기노시타 쇼조'로 바꾸고 일본인 행세를 했다. 그는 아버지를 닮아 호탕했고 음주 가무에도 능했다. 그래서 방탕한 생활을 하고 일본 여자들과 어울렸다. 하지만 '조센징'이라는 천대를 받고 생각이 바뀐다.

어느 날 그는 히로히토의 천황 즉위식을 구경하러 갔다가 한글로 쓴 편지를 소지했다는 이유만으로 9일 동안 유치장에 갇히게 된다. 그는 조선인이라는 자신의 정체성을 찾고 상하이로 갔다. 그리고 "육신의 쾌락은 이미 맛보았으니 영원한 쾌락을 꿈꾸며 독립 사업에 헌신할 목적으로 상하이로 왔다."고 선언한다.

그는 천황에게 폭탄을 던지기 전 이 사진을 찍었다. 이미 죽음을 작정하고 나서 찍은 사진인 셈이다. 큰일을 앞두고 멋지게 양복을 차려입었다. 검은색 모직 코트에 넥타이를 매고, 길게 찢어진 두 눈을 늘어뜨리며 뻐드렁니를 다 드러낸 채 활짝 웃고 있다. 마치 소풍을 앞두고 있는 소년처럼 천진난만한, 생뚱맞고 장난스러운 미소를 짓고 있다. 그는 "영원한 쾌락을 얻으러 가는 길이니 기쁜 낯으로 사진을 박읍시다"라고 말하며, 침울한 얼굴을 한 백범을 향해 웃었다고 전해진다.

성능이 불량한 폭탄 때문에 목표를 달성하지 못했지만, 죽음을 앞에 두고 미소 지을 수 있었던 그는 죽음에 대해 어떤 생각을 했을까. 험난한 인생의 파도를 온몸으로 견뎌내며 찾게 된 여유일까. 사람들은 죽음 앞에서 환하게 미소 지었던 그를 '꽃미남 모던보이'라고 말한다. 죽음의 극한 상황 앞에서도 미소 지을 수 있는 사람은, 고통을 통해서 생의 이면을 응시할 줄 아는 사람이다.

현대인들은 웃음을 잃어 가고 있다. 그래서 생기는 여러 가지 개인적 혹은 사회·심리적인 문제나 가정·사회적 문제의 해결을 위해서 웃음을 되찾아야 한다. 행복한 삶을 살고 싶다면 현실에서 웃을 수 있는 용기를 가져보라. 과거에 집착하고, 다른 사람 관점에서 자신을 미워하는 감정에 얽매이지 말고 말이다.

유독 중년이 되면 삶을 후회하기도 하고, 다가오는 노후를 걱정하기도 한다. 그런데 불행은 오지 않을 것에 대해 하는 걱정, 과거에 대한 후회, 현재에 만족하지 못한 삶의 태도에서 오는 것이 아닐까. 진정으로 행복을 원한다면 지금 웃을 '용기'가 필요하다.

웃음 조기교육

　요즘 조기교육이 열풍이다. 말도 배우기 전에 아이큐(IQ) 개발이니 이큐(EQ) 개발이니 해서 학원도 서너 개씩 보낸다. 동네에 학원 차가 들어오는 것을 보면 놀랄 만큼 참으로 다양한 학원이 있음을 알게 된다.

　그래서인지 요즘 애들의 표정엔 웃음이 없다. 부모의 눈을 피해 컴퓨터 온라인 게임이나 PC방에 가서 노는 게 고작이다. 그러나 진정으로 아이의 미래를 밝게 하려면 웃을 수 있는 시간을 많이 갖게 해야 한다. 아이들은 생후 2~3개월부터 웃기 시작해서 생후 20개월쯤 되면 스스로 웃음을 자아내는 행동을 한다. 이렇게 아이 스스로 남을 웃길 줄 아는 능력이 있으나, 환경이 안 되다 보니 자라면서 점점 무뚝뚝해지는 것이다.

웃음이 많은 아이를 만들려면 부모가 먼저 많이 웃어야 한다. 부모가 늘 웃으면서 흥겹고 즐거운 감정을 자주 전달하면 아이도 자연스럽게 밝고 유머 있는 아이로 자랄 것이다. 따뜻한 칭찬과 아이의 말에 귀를 기울여주는 부모의 태도가 유머를 이해하는 경쟁력 있는 아이로 키울 수 있다.

행복의 비밀은 도파민이 아니라 옥시토닌에 있다. 사랑한다고 말하면 우리 몸에서는 사랑 호르몬인 옥시토신이 분비된다. 사랑하는 감정이 생명에게 얼마나 중요한 역할을 하는지 알 수 있다. 부모의 사랑 속에 태어난 아이가 더 행복감을 느낀다. 사랑의 감정이 자녀들의 자질에도 중요한 영향을 주는 것이다.

예로부터 우리는 사람을 나무에 비유해 왔다. 특히 자녀는 부모의 사랑이라는 거름으로 자라는 나무라고 볼 수가 있다. 부모를 땅에 비유한다면 자녀는 나무다. 땅속으로 깊게 뿌리 내린 나무는 어떤 환경 속에서도 넘어지지 않는다. 눈이 오고 거센 폭풍우가 휘몰아치더라도 거뜬하게 이겨낼 수가 있다. 잎들이 다 떨어져 내리고 태풍에 가지들이 다 부러진다고 하더라도 튼튼한 뿌리의 힘으로 인해 고난을 이기고, 겨울을 지내고 나면 봄을 맞아 파릇한 새 잎을 피워 올린다.

부모의 사랑을 먹고 자란 아이들은 이렇게 세상을 이겨낼 수가 있다. 마치 겨울을 이겨내고 봄에 잎을 틔우는 나무들처럼 건강하고 씩씩하게 자란다. 그래서 이 사회에 큰 나무가 되어 아름다운 꽃과 열매로 많은 새들을 깃들게 만든다.

오늘 퇴근하면서 사랑하는 아이에게 어린이용 유머 책을 선물해 보자. 영원히 잊지 못할 선물이 될 것이다. 아이의 책가방에 아빠의 재미난 이야기를 넣어주자. 아이가 잠자리에 들기 전 아빠가 초등학교 다닐 때 했던 축구시합 이야기를 코믹하게 해주었더니 배꼽을 잡고 웃다 너무 편안하게 잠들었다. 그리고 뭐가 재미있는지 잠을 자면서도 배실배실 웃는 것이다. 표현도 습관이다. 자주 하다 보면 편해지고 쉬워진다.

우리 아이들에게 웃음을 조기 교육시켜 기나긴 인생의 여정을 웃으면서 여행할 수 있도록 도와주자.

구불약(九不藥)

몸이 아파도 병원에 안 가고 참는 분들이 생각보다 많다. 몸이 아픈 것은 마음이 아픈 것과 같다. 건강에 대한 정의를 보면, "건강한 삶은 몸과 마음과 영혼까지 건강해야 된다"고 나와 있다. 육체적, 정신적, 사회적, 영적 건강이 온전한 건강인 것이다. 건강도 기업을 경영하는 것과 같아서 좋은 자재로 제조하여 올바로 유통하고 많은 수익과 고객 만족을 창출되는 것이 올바른 건강일 것이다.

우리 몸의 대단한 점 중 하나가 바로 조화(調和)이다. 마음의 조화로움을 위해 추천할 만한 약이 하나 있는데, 이것은 옛날부터 내려오는 비방이다. 아홉 가지의 부정적인 증상들을 '하하하' 웃어서 없애면 건강이 찾아온다.

옛 어르신들께서는 결혼을 하는 자녀에게 "구불구불하게 살아라" 하고 가르쳐주셨는데, 요즘에도 이런 마음이 꼭 필요한 것 같다. 처음의 '구불'은 사람을 만나면 자신의 몸을 낮추어 상대의 눈높이에 맞추라는 '굴신의 구불'이고, 두 번째 '구불'은 웃으면서 살라는 말씀이다. 그렇다면 건강을 위해 아홉 가지 마음을 치유하는 그 명약을 알아보자.

첫 번째는 '불신(不信)'으로, 웃음은 상대방이 나에게 갖는 불신을 없애준다. 웃으면 신뢰가 생기고 서로 믿지 못하는 마음이 없어진다.

두 번째는 '불안(不安)'으로, 웃음은 나와 다른 사람의 불안감을 없애준다. 암 환자나 난치병 환우들에게 웃음 치료를 해보면, 웃음으로써 바로 불안한 마음이 없어지고 나을 수 있다는 희망이 생긴다. 얼마 전 웃음 치료 워크숍을 했는데, 암 환우 분들 하시는 말씀이 "날아갈 것처럼 기분이 좋다"고 하셨다. 역시 웃음이 가져다주는 큰 힘이었다.

세 번째는 '불앙(不怏)'으로, 웃음은 원망과 앙심을 없애준다. 부부가 서로 다투고 싸우는 것 또한 별것도 아닌 게 서로에게 원망과 앙심이 되어 그렇다. 자기부터 먼저 미소 짓고 웃어보자. 그러면 상대방도 웃음으로 답할 것이다. 병에 걸리면 제일 미운 사람이 배우자라고 한다. 병의 원인을 자기가 아닌 타인에게 돌리고 싶어 하기 때문이다. 그런데 치료를 하다 보면 제일 고마운 존재가 또 배우자라고 한다.

네 번째는 '불구(不勾)'로, 웃음은 내 마음의 곧음을 드러내준다. 세계적인 문학계의 거장인 도스토예프스키는 "그 사람의 웃는 얼굴을 보라. 그 사람이 정말 순수하게 웃고 있다면 그 사람은 믿어도 되는 사람이다."라고 말했다.

다섯 번째는 '불치(不値)'로, 웃음은 물건 값을 속이지 않음을 보여주는 것, 즉 신뢰를 보여준다. 요즘 수입식품들이 문제가 많아서 국민들이 음식에 대한 스트레스가 이만저만이 아닌데, 진정한 웃음은 절대 자신을 속이지 않는다. 아무리 어려운 상황이라도 진심으로 소비자를 위한 제품들이 많이 나와서 서로가 웃고 살 수 있는 세상이 되기를 간절히 바라는 마음이다.

여섯 번째는 '불의(不倚)'로, 웃음은 나에 대한 거리감을 없애준다. 인간관계에서 가장 중요한 법칙 중에 하나가 눈을 맞추고 웃는 것이다. 세계에서 가장 자동차를 많이 판매했던 '조지라드'라는 사람은 직업을 40개나 전전했을 정도로 많은 실패를 경험한 사람이었다. 한 기자가 그에게 자동차 판매왕의 비밀을 알려달라고 했더니, 그는 서슴없이 '웃음'이라고 답했다. 고객에게 먼저 웃으면 고객의 지갑이 열린다는 것이다.

일곱 번째는 '불충(不衷)'으로, 웃음은 성의가 없다는 생각을 없애준다. 땀 흘리고 일한 후 환하게 웃는 모습이나 벼를 한아름 안고 있는 농부의 모습, 골프 선수가 최선을 다해 마지막 퍼팅에 성공한 후 보여주는 환한 웃음! 웃음은 이렇게 열심히 살아가는 흔적이다.

여덟 번째는 '불경(不敬)'으로, 웃음은 공손하지 않다는 생각을 없애준다. 웃음은 예의와 염치를 알게 해준다. 요즘 자신만 생각하는 아이들 그리고 그것을 부추기는 어른들의 모습에서 진정한 웃음이 멀게만 느껴져 마음이 아프다.

아홉 번째는 '불규(不規)'로, 웃음은 원칙을 어길지도 모른다는 의혹을 없애준다. 서로 간에 지켜야 할 원칙이 있는데, 이것을 무시할 때 바로 지금과 같은 위기가 생기는 것이다.

이제 초심으로 돌아가 순수한 마음을 찾아야 할 때이다. 최후의 승자가 되는 승리자의 웃음을 웃어보자. 그러면 우리는 승리할 것이다.

표정으로 깊어지는
첫인상

얼굴의 옛말은 '얼골'인데, 얼골은 '얼꼴'에서 나온 말이다. '얼의 꼴', 다시 말하면 '영혼의 모습'이라고 할 수 있다. 영혼의 모습은 얼굴에 가장 잘 드러난다고 한다. 얼굴은 어쩌면 사람의 모든 것을 보여주는 창인지도 모르겠다. '민낯'이라는 말이 이중적인 의미로 쓰이는 데도 다 이유가 있는 셈이다.

사람을 만날 때 중요한 것은 첫인상이다. 문제는, 중요한 그 첫인상은 단 5초에 결정되는 데 비해 잘못된 첫인상을 바꾸기 위해서는 약 40시간의 시간이 필요하다는 점이다. 찰나의 순간 머리에 입력된 첫인상을 바꾸기 위해서는 많은 시간과 투자가 필요한 것이다.

그렇다면 얼굴이 잘생겨야 되는 거 아니겠냐며 '이번 생은 틀렸다'고 절망할지도 모르겠다. 하지만 절대 그렇지 않다. 첫인상을 결정짓는 가장 큰 부분은 '표정'이다. 이목구비가 조화롭게 자연스러운 표정으로 미소 짓는 것이 첫인상의 가장 중요한 포인트라고 할 수 있다.

표정에 따라 사람의 인상이 달라진다. 아무리 얼굴이 예쁜 사람이라도 늘 울상이라면 보는 사람이 곤혹스럽다. 누가 찡그리거나 짜증 섞인 표정, 뚱한 얼굴을 자주 보고 싶어 하겠는가. 비록 이목구비가 잘나진 못해도 항상 웃는 표정인 사람 주변에는 사람들이 많다. 웃는 얼굴을 바라보는 것만으로도 기분이 좋아지기 때문이다. 그러니 늘 미소 띤 얼굴로 사람을 대하는 사람이 상대방의 마음을 끌어당기는 것은 당연하다. 사람들은 항상 꽃처럼 활짝 웃는 사람을 좋아한다.

그래서 평상시에 표정 관리를 하는 것이 중요하다. 시간 날 때마다 거울을 보며 자신의 표정을 관찰해 보자. 어떤 표정이 나를 가장 잘 드러내며 타인에게 호감을 일으키는지 살피다 보면, 어느 새 자연스럽게 좋은 인상으로 변화되기도 한다. 물론 무엇보다 인상을 좋게 만드는 지름길은 웃음이다. 아침저녁으로 만나는 사람들에게 웃음을 건네다 보면 습관이 되어 좋은 인상을 만들 수 있다.

사람의 속마음은 표정으로, 밖으로 드러난다. 카렐루는 "인간의 얼굴은 마음의 간판이고 생활의 기록이다"라고 했고, 링컨은 "사람은 마흔 살이 넘으면 자신의 얼굴에 책임을 져야 한다"라고 했다. 얼굴에 나타나는 속마음은 숨길 수가 없고, 용모에 드러날 수밖에 없다. 그래서 '나이 들어 얼굴에 책임을 진다'는 것은 마음 관리를 잘하고, 삶을 덕스럽고 아름답게 살아가야 한다는 뜻이라고 하겠다.

40대 이후 자신의 얼굴은 무조건 자기 책임이라고 할 수 있다. 젊을 땐 부모님의 유전자로 살아가지만 마흔 살이 넘어가면 그 사람의 인생관이 얼굴에 그대로 나타난다. 살아온 대로 만들어지는 게 얼굴 표정이기 때문이다. 표정과 주름살 하나하나에는 인생의 흔적이 그대로 드러난다. 그래서 사람들은 '얼굴이 그 사람의 이력서'라고들 하지 않는가.

여행가로서 전설적인 인물이었던 김찬삼. 그는 세계 어느 나라를 가든지 항상 웃음으로 무장했다. 거울을 응시하면서 웃음과 미소를 연습하고 또 연습한 후에 사람들을 만났다. 언어가 통하지 않아도 소통할 수가 매개체가 바로 '웃는 얼굴'이기 때문이다. 웃음이야말로 만국 공통어이다.

NK세포를 잡아라

웃음 치료를 하면서 관심을 갖게 된 세포가 있는데, 바로 NK세포다. NK세포란 자연살해세포(Natural Killer Cell)로, 주로 골수에서 만들어지고 암세포를 공격하여 직접 파괴하는 작용을 한다.

NK세포는 똑똑하게도 암세포를 식별하는 특별한 능력이 있어서 정상세포는 공격하지 않고 암세포만 공격해 죽인다. 보통 사람에게도 매일 암세포가 생겨나고 있지만 면역세포인 NK세포의 능력 덕에 암세포로부터 몸을 지켜내는 것이다.

그렇다면 고마운 이 NK세포를 어떻게든 증가시켜야 하지 않을까? NK세포를 늘릴 방법을 알아보자.

1. 많이 웃는다

우리 몸은 웃을 때 도파민 분비와 함께 NK세포의 활성도 높아진다. NK세포의 활성도는 혈액 중 단백질의 일종인 '인터페론 감마'의 분비량으로 표시되는데, 연령별 평균은 20대 777.77pg/㎖, 30대 817.90pg/㎖, 40대 700.77pg/㎖, 50대 649.72pg/㎖, 60대 이상 642.32pg/㎖ 수준이다. 이 수치가 300pg/㎖ 미만이면 암세포·바이러스를 제대로 없앨 수 없는 '면역력 저하 상태'로 본다. 이때의 pg/㎖는 혈액 1㎖당 인터페론 감마의 양(1조 분의 1g)을 의미한다.

백혈구 속 NK세포의 숫자가 늘어나면 면역력도 높아진다. 하지만 면역력은 NK세포의 수가 아닌 활성도에 좌우된다. NK세포 수가 아무리 많아도 활성도가 낮다면 면역력이 높다고 할 수 없으며, 결국 암세포를 사멸시키기 어렵다.

연세대 의대 미생물학 교실 이재면 교수는 암 환자 두 명의 NK세포 수와 활성도를 비교, 발표했다. A씨는 림프구(백혈구의 일종) 중 NK세포의 비율이 4%, NK세포 활성도는 300pg/㎖이고, B씨는 NK세포 비율이 28%, NK세포 활성도는 150pg/㎖ 이하였다. 이 교수는 "B씨의 NK세포의 수가 A씨의 7배나 됐지만 활성도가 낮기 때문에 암이 전이·재발될 위험이 훨씬 높다고 볼 수 있다"고 했다. 결국 NK세포의 양(수)보다 질(활성도)을 높여야 암과 싸워 이길 수 있는 면역력을 높일 수 있다는 것이다.

2. 깊은 숙면을 취한다

면역력을 증가시키는 수면 호르몬인 멜라토닌 분비가 저녁 11시에서 새벽 3시 사이에 최고조에 이른다. 이때 NK세포도 다량 분비된다. 이에 야간근무가 암 발병을 높인다는 연구 결과가 있다. 야근으로 생체리듬이 깨지면 숙면을 취하기 어렵고, 면역력까지 떨어지기 때문이다.

3. 숲속의 식물들과 친해진다

숲속의 식물들에게서 나오는 피톤치드는 사람의 세포에 쉽게 흡수되어 스트레스를 줄여주고 면역력을 높여준다. 이 때문에 NK 세포도 증가된다. 최근 숲 치료가 관심을 받고 있는 이유도 면역력을 높여주는 작용 때문이다. 숲으로 가서 한 번 웃어보면 그 웃음의 효과가 배로 증가된다는 것을 알 수 있다.

일본 니혼 의과대학 리큉 교수와 삼림총합연구소 공동 연구팀이 직장인들을 대상으로 NK세포 활성도를 조사한 결과, 산림욕을 시작한 지 이틀 만에 NK세포 활성도가 첫날에 비해 8%까지 증가했다고 한다. 숲을 산책하는 것만으로 긴장이 풀어지고 피톤치드 등의 물질이 인체에 긍정적으로 작용하기 때문이다.

피톤치드란 '식물'과 '죽이다'의 합성어로, 수목이 해충이나 다른 식물들로부터 자신을 보호하기 위해 분비하는 살균물질을 총칭

한다. 활엽수보다 침엽수가 두 배 이상의 피톤치드를 발산하고, 그 중에서도 편백나무가 가장 많다. 또 겨울보다 여름에 더 많이 발산한다.

4. 모든 일에 감사하며 생활한다

심리학자들은 감사가 좌측 전두피질을 활성화시켜 스트레스를 완화시켜 주고 행복감을 증가시켜 준다고 말한다. 플로랑스 스코벨 쉰은 "삶은 부메랑과 같다"고 했다. 우리의 생각이나 말, 행동은 언젠가는 반드시 메아리가 되어 나에게 돌아온다. 0.3초의 기적이라고 말하는 'Thanks!'는 성공한 사람들이 가장 많이 쓰는 단어다. 감사로 몸의 면역력을 높여주는 것은 미래의 건강을 지켜주는 일이기도 하다.

끌리는 사람은
1%가 다르다

　　서양 속담에 '첫인상은 마지막 인상이다'라는 말이 있는 만큼 첫인상의 이미지는 오래 가고 돈으로 살 수 없는 가치를 가졌다. 필자는 강연할 때 첫인상을 좋게 하는 방법 중 하나로 자동차에서 내리기 전 크게 웃어 보라고 한다. 아니면 엘리베이터를 타고 올라갈 때 미소 짓는 연습을 많이 하라고 한다.

　　건축을 할 때도 기초공사가 중요하듯이 인간관계에서도 첫인상이 매우 중요하다. 그래서 첫인상을 좋게 하기 위해 자신의 내적·외적 노력을 많이 해야 한다.

　　첫인상은 부모님으로부터 물려받는 것이 아니라 자신의 평소 삶에 의해서 그려지는 지도이다. 나이 마흔이 넘으면 자신의 얼굴에 책임져야 한다는 말도 자신의 삶 속에서 첫인상을 관리하는 데 소홀히 해서는 안 된다는 의미일 것이다.

사람을 판단하는 데는 세 가지 기준이 있다. '평가', '능력', '활동'이다. 평가는 '좋다', '나쁘다'로 느끼는 감정이고, 능력은 '강하다', '약하다'이며, 활동은 '적극적이다' 혹은 '소극적이다'라는 감정이다. 이 가운데 '평가'가 가장 중요한 기준이고, '능력'과 '활동'은 부차적인 역할을 한다. 따라서 '능력 있고 똑똑한 사람'의 인상보다는 '좋은 사람', '괜찮은 사람'이라는 이미지가 좋은 첫인상을 준다. 인간의 감정은 바이러스처럼 전염되기 때문에 상대방에게 어떤 감정을 전염시키느냐가 중요하다.

유쾌한 감정을 전해 주는 사람은 그 주변에 사람들이 많이 모인다. 바로 꿀을 따라 벌이 모이듯이 또는 향기로운 꽃에 벌과 나비가 모여들듯이 말이다. 인상 좋은 사람이 유쾌한 기분까지 준다면 그야말로 금상첨화라고 할 수 있다.

웃음을 연습하다 보면 긍정적인 에너지가 많이 생긴다. 기쁨, 즐거움, 행복감, 신뢰감, 호감, 자신감, 기분 좋은 마음, 존경심, 승리감 등이 온몸을 감싼다. 유쾌한 감정은 다시 만날 좋은 기회를 만들어준다. 많은 사람을 만나지만, 유쾌하고 기분 좋은 인상을 가진 분들이 또 필자를 만나길 간청한다.

기분 좋게 마신 술은 보약이 되듯이 첫인상이 좋은 사람은 인간관계에서 비타민과 같다. 현대는 이미지의 시대, 감성의 시대, 자기 PR 시대, 비주얼의 시대라고 한다. 첫인상이 좋은 사람이 되려면 21일간 웃음에 투자를 해보자. 끌리는 사람은 1%가 다르다.

긍정의 습관을
키우는 시간, 21일

백만장자들이 가지고 있는 열 가지 습관을 보면 그 첫 번째 습관이 바로 긍정성이다.

많은 사람들이 부자가 되고 싶어 하며 부자가 되기 위해 돈을 좇지만, 부자가 되는 법칙은 '자신이 좋아하는 일을 하고, 자신이 하는 일로 다른 사람들을 기쁘게 하는 것'이다. 긍정의 습관인 "예(Yes)"를 할 수 있는 자신으로 바꾸어보자. 물론 그 습관을 바꾸는 데도 시간이 필요하다. 우리의 뇌는 충분히 반복되어 시냅스가 형성되지 않은 것에는 저항을 일으키기 때문이다.

좋은 습관이 몸에 익을 때까지는 21일간 의식적으로 노력을 기울여야 한다. 사람의 생체시계가 교정되는 데는 최소한 21일이 소요되기 때문이다. 21일은 생각이 대뇌피질에서 뇌간까지 내려가는 데 걸리는 최소한의 시간으로, 생각이 뇌간까지 내려가면 그때부터는 심장이 시키지 않아도 뛰는 것처럼, 의식하지 않아도 습관적으로 행하게 된다. 어제의 습관이 오늘의 나를 만들었고, 오늘의 습관이 내일의 나를 만든다. 따라서 성공을 위해서는 성공 습관을 먼저 익히는 것이 필요하다.

'21일 법칙'은 무엇이든 21일 동안 계속하면 습관이 된다는 법칙으로, 예일대를 비롯한 많은 대학에서 실제 활용하고 있다. 동양에서 내려오는 '21일간 소원을 빌며 자기 도장을 찍으면 과거, 현재, 미래에 걸친 나쁜 기운을 씻어내고 좋은 기운만을 불러들인다'는 전통과 유사하다.

21일이라는 시간을 우리는 흔히 '삼칠일'이라고 부른다. 엄마의 자궁이 수축되어 정상의 자리로 돌아오는 시간도 21일이고, 달걀이 병아리가 되는 시간도 21일이다. 동·서양을 막론하고 습관을 바꾸는 데 걸리는 시간도 21일이면 충분하다. 필자는 웃음요가 교육을 하는데 최소한 21일간 웃음 훈련을 시킨다. 놀랍게도 사람들의 얼굴에 빛이 나기 시작하는 기간이 바로 21일이었다.

성공의 25%는 긍정적 자아 이미지(PSI, Positive Self Image), 25%는 목표 달성을 할 수 있다고 생각하는 믿음, 25%는 자신이 원하는 바를 구체적으로 정확히 아는 것, 마지막 25%는 생각을 실행에 옮기는 추진력이다. 즉, 생각만 제대로 해도 75%는 이미 성공한 것이라는 말이다.

성공하기 위한 3氣(용기勇氣, 생기生氣, 열기熱氣)도 잊지 말자. 바로 웃을 수 있는 용기와 생기 있는 웃음 그리고 웃음으로 인한 따뜻한 마음은, 나를 열정의 카리스마가 넘치는 성공인으로 만들어줄 것이다.

긍정으로
자신을 디자인하라

대부분의 사람들은 긍정적인 생각을 갖고 있는 사람을 좋아하며, 열에 아홉은 긍정적인 사람이 주위에 있을 때 더 생산성이 높다고 한다. 한 통계에 따르면 "부정적인 감정은 흡연보다 인간 생존에 나쁜 영향을 미치는 반면, 긍정적인 감정 교류는 수명을 평균 10년 정도 더 연장시킨다"고 한다.

어떤 학자는 " 결혼생활에 있어 긍정 대 부정의 비율이 5:1 정도일 때 이혼율이 급격하게 떨어진다"고 말하기도 하는데, 반대로 긍정 대 부정이 1:5가 된다면 어떻게 될까. 자신의 일상을 긍정적인 에너지로 디자인을 할 필요가 있다. 가정이나 직장에서 나누는 대화 속에 긍정성보다는 부정성으로 인해 오가는 대화가 훨씬 많다는 것을 느끼는 사람은 그리 많지 않을 것이다.

무표정, 무의식 속에서 우리는 부정성을 아무런 걸림 장치 없이 받아들여야 하는 경우가 허다하다. 물론 현실을 정확히 인식하고 지속적으로 개선해 나가기 위해서는 잘잘못에 대해 분명한 상(賞)과 벌(罰)이 주어져야 하는 것은 당연하다. 그러나 과도한 질책과 냉소적인 태도, 자신감이 결여된 말과 행동은 주위 사람들을 낙담시키고, 조직 분위기를 저해하여 생산성을 떨어뜨리는 원인으로 작용하게 된다.

긍정적인 상호작용과 함께 인간관계나 조직생활의 성패를 좌우하는 또 하나의 요인으로 열정(passion)을 들 수 있다. GE의 전 회장이자 '살아 있는 경영학 교과서'로 불리는 잭 웰치는 최근 펴낸 책에서 기업에 필요한 인재의 조건으로 '4E + 1P'를 제시하며, 이런 직원을 채용하는 기업이 승리(winning)하게 될 것이라고 이야기하고 있다.

4E의 E는 긍정적인 에너지(positive Energy), 타인에게 활력을 불어넣는 능력(the ability to Energize others), 결단을 내리는 신념과 용기(Edge, the courage to make tough yes-or-no decisions), 실행(Execution, the ability to get the job done)을 의미하며, 1P는 바로 이를 가능케 하는 열정(Passion)의 머리글자를 딴 것이다.

특히 이 열정(passion)은 직접적인 접촉 없이도 마치 감기 바이러스가 전염되는 것처럼 많은 사람에게 영향을 미친다. 가끔은 열심히 살아가는 자신을 위해 스스로 만든 금메달을 목에 걸어줘 보고, 제일 비싼 레스토랑에서 식사를 하고, 제일 멋진 휴양지에서 쉬게 해주자. 성공하고 싶거든 성공한 자신을 항상 칭찬해 주고 잘 대접해 주는 습관을 들이자. 그리고 부정의 만리장성을 넘어가자. 우리 가슴에 부정의 만리장성을 뛰어넘을 수 있는 열정의 불을 지펴보자.

바로 웃을 수 있는 용기와 생기 있는 웃음 그리고 웃음으로 인한 따뜻한 마음은 자신을 긍정과 열정으로 디자인된 행복한 성공인으로 만들어줄 것이다.

마음 웃기

의성(醫聖) 히포크라테스는 몸과 마음의 균형을 '건강'으로 보았다. 그래서 마음에 영향을 미치는 것은 무엇이든 몸에 영향을 미치며, 몸도 마음에 지대한 영향을 미친다고 했다. 그는 몸이 아프면 마음까지 함께 치료해야 한다고 주장했고, 웃음이야말로 몸과 마음을 함께 치료하는 최고의 치료 수단이라고 했다. 한마디로 마음까지 함께 웃어야 한다는 뜻이다.

효과적인 마음 웃기에 대해 알아보자.

1. 마음 웃기의 시작은 바로 '자부심'이다
필자는 항상 웃음 강의를 할 때 "나는 내가 좋아. 나는 내가 참 좋아. 나는 내가 정말 좋아."로 시작하고 끝맺는다. 자기 자신을 좋아할 수 있는 것은 바로 자부심 또는 자아 정체감의 발로이며, 웃음의 시발점이다. 자부심은 마음에서 웃음이 우러나게 해준다.

2. 비전(vision)이 바로 웃음이다

필자는 웃음 강의를 하면서 한 번도 일이라고 생각한 적이 없다. 그저 신나게 놀 뿐이다. 그래야 그 에너지가 그대로 상대방에게 전해진다. 그러다 보니 성공하는 것이다. 어떻게 하면 재미있게 일할 수 있느냐는 질문에 대한 최고의 대답이 아닐까. 비전은 웃음의 핵심이며 우리를 움직이는 힘이다.

3. 칭찬이 바로 진정한 웃음이다

자신에 대한 칭찬거리, 장점을 스스로 확신할 수 있다면 그것이 바로 웃음의 시작이다. 이후에 남을 칭찬하자. '오늘 멋있는데!'라는 칭찬 한마디가 어설픈 유머보다 훨씬 강력하다고 메릴랜드 대학의 로버트 프로빈 교수는 말한다.

4. 감사는 웃음의 뿌리다

필자는 감사의 마음을 "오늘 내가 바라보는 저 태양은 어제 죽은 이가 그토록 보고 싶어 했던 내일의 태양이었다"라는 말로 대신

하고 싶다. 미국 캘리포니아 대학의 로버트 에몬스 교수는 "사람들에게 매일 또는 매주 5개씩 고마운 것들을 쓰게 했더니, 쓰지 않은 사람보다 건강이 좋고 스트레스를 덜 받는 것으로 나타났다"고 밝혔다.

5. 용서의 배를 띄워라

용서는 세상에서 가장 아름답고 이기적인 행동이다. 용서는 전적으로 나를 위한 것이기 때문이다. 심리학자인 리 잼폴스키 박사는 마음의 평화와 웃는 삶을 방해하는 생각들을 청소하는 데는 용서가 가장 효과적인 해결책이라 주장하면서, 하루를 시작할 때 '5분 용서 시간'을 가지라고 권한다.

우리 모두가 웃는 마음을 갖기 위해 한 가지씩 실천해 보면 좋겠다. 모든 순간을 느끼면서 살아갈 수 있는 최고의 선(善)은 바로 '마음 웃기'이다.

건강의 기초,
면역력을 키우는 습관

코로나 바이러스로 인해 '면역력'에 대한 관심이 어느 때보다 높다. TV에서는 연일 면역력을 높이는 음식이나 건강보조식품을 광고하기에 급급하고, 시청자들은 정보의 홍수에 불안감을 잠재우지 못한다.

물론 음식이나 건강보조식품으로 면역력을 높일 수 있다면 그것도 한 방법이겠으나, 필자는 아무래도 면역력을 높이기 위해서는 생활습관을 개선하는 것이 우선되어야 하지 않을까 생각한다. 현재 자신의 생활습관을 잘 점검하여 면역력을 높이기 위한 생활습관으로 바꾸도록 노력해 보자.

1. 유산소운동을 한다

특히 노년층은 가능한 자주 외출하여 신선한 공기를 마시는 것이 좋다. 하지만 사람이 많은 곳은 피하고, 특히 만성 환자는 심장에 부담되는 일은 피한다. 주 5회 정도 아침이나 식후에 45분 정도 걸으면 질병에 걸릴 확률이 50%로 떨어진다.

면역력은 자율신경과 밀접한 관련이 있는데, 음악은 자율신경을 자극하여 마음이 안정되고 혈액순환에 도움을 준다. 음악치료사들은 모차르트나 바흐의 음악이 뇌파를 알파파로 만들어서 몸의 긴장을 풀어주고 면역력을 강화시킨다고 말한다. 그러므로 음악을 들으면서 걸으면 면역체계 기능을 강화할 수 있다.

리듬이 빠르거나 격한 음악은 교감신경을 자극하고, 느리고 감미로운 음악은 부교감신경을 자극한다. 그러므로 마음이 항상 느긋한 사람은 조금 빠른 음악을 들어 교감신경을 자극해 주고, 항상 일에 스트레스 받는 사람은 자기 전에 클래식 음악을 들으며 부교감신경을 자극해 주는 것이 좋다.

2. 안마와 마사지를 자주 해준다

안마는 림프관이 막히는 것을 방지하고 면역체계를 잘 통하게 한다. 또 피로와 긴장을 풀어주고, 면역력을 강화하는 데도 좋다.

3. 명상하는 습관을 기른다

1970년대 초 미국 오레곤 의대의 암 전문의이자 방사선 학자인 시몬톤 박사(Carl Simonton)는 "마음이 암을 치료하는 데 도움을 준다"고 발표하여 사람들을 놀라게 했다. 그는 긍정적인 자세가 환자의 생명을 연장시키고, 치명적인 환자들이 소망과 책임감으로 병을 이겨내는 것을 보면서 심리학자인 부인과 함께 방법론적인 시도 끝에 명상 및 집중 이완법(Focused Relaxation, 특정한 목표를 마음의 영상으로 투사하는 일종의 집중 명상법) 등의 마인드 컨트롤 방법을 개발했다. 로버트 아더(Robert Ader)는 1981년 솔로몬의 '정신 면역학(Psychoimmunology)'에 덧붙여 마음의 체내 전달 수단인 신경조직의 중요성을 포함시켜 '정신 신경 면역학(Psychoneuroimmunology)'이라는 마음과 육체를 함께 포함하는 통합 의학의 서장을 열었다.

사실 명상은 면역력을 증가시킨다. 신경전달물질이 균형을 잡도록 하여 산화질소 레벨을 높이기 때문이다. 전신의 모든 세포 기능을 촉진시키고, 신체 장기가 쉬는 동안 백혈구의 수가 증가하여 면역력이 증대되는 것이다.

4. 즐거운 생활과 웃음을 가까이 한다

친구와 자주 수다 떨며 고민거리를 털어놓거나 마음을 활짝 열고 크게 웃으면 체내 코티솔의 분비가 감소한다. 코티솔은 면역체계를 억제시키는 호르몬이다.

웃음은 면역력을 증가시키는 데 강력한 효과가 있어서 하루 10회 정도 큰 소리로 웃게 되면 NK, T, B 세포 등이 활성화되어 면역력을 강화시킨다. 긍정적인 유머와 웃음은 최고의 명약이다.

5. 목청껏 노래를 부른다

노래를 부르면 예술적인 즐거움을 누릴 수 있을 뿐만 아니라 인체에도 유익하다. 목청껏 노래를 부르는 사람은 침 속 면역글로블린A의 수가 배로 증가한다고 한다.

이외에도 충분한 수면과 부부 간의 애정은 건강한 삶을 유지하는 데 매우 중요하다. 사회가 혼란스럽고 어려울 때는 자신의 건강을 스스로 지켜 나가고, 스스로 즐거운 삶을 영위할 수 있는 방법에 대해 관심을 가져야 한다.

자존심과 자존감

자존심과 자존감에 대해 말하자면 자주 회자되는 것이 『초한지』
에 나오는 항우와 한신이다.

명문가 출신이었던 항우와 혈혈단신 의지할 곳 없는 고아 출신
의 한신은 대조적이다. 항우는 '역발산기개세(力拔山氣蓋世)', 즉 '힘
은 산을 뽑을 만하고, 기상은 세상을 덮을 만하다'는 칭송을 들었다.
70번의 싸움에서 연전연승을 거둔다. 하지만 초한의 전투에서 딱
한 번 패배를 하게 된다. 자존심 강했던 항우는 오강(烏江)에 이르렀
을 때 치욕감을 이기지 못하고 자결하고 만다. 사람들은 만약 항우
가 자존심을 버리고 오강을 건너가 후일을 도모하였더라면 중국의
역사가 바뀌었을 거라고들 말한다.

이와 다르게 한신은 자신을 존중하는 인물이다. 젊었을 때 한 건달이 그에게 시비를 걸고 자신을 죽이지 못할 것 같으면 자신의 사타구니 밑으로 기어서 나가라고 했다. 그러자 한신은 건달을 베어 죽이지 않고, 바짓가랑이 밑을 기어서 지나갔다. 아무 명분도 없는 싸움에 연루되어 살인자로 평생 동안 이리저리 도망 다니고 싶지 않았기 때문이다.

한신은 나중에 유방을 도와서 항우를 물리쳤고, 천하를 통일하여 초나라 왕으로 등극한다. 어느 날 고향으로 돌아와 그 건달을 찾은 한신은, 그에게 "당시 내가 너를 죽이지 않고 네 바짓가랑이 사이를 기었던 것은, 다른 사람이 나를 아무리 비웃더라도 나 자신만은 내가 사람을 죽이지 않고 참았다는 것을 알고 있었기 때문이다. 너는 나에게 아무런 가치도 없으니, 그런 너를 죽이는 것은 나에게 아무런 의미가 없었다."고 했다. 그는 자존감이 높았던 사람이다. 그래서 천하를 통일할 수 있었다.

자존심과 자존감은 명백하게 다르다. '자존심'은 다른 사람들이 나를 존중해 주고 높여주기를 바라는 마음이다. 하지만 '자존감'은 다른 사람과 상관없이 스스로를 존중하는 마음이다. 진정으로 자신을 사랑하는 사람은 상대의 마음을 열 수 있는 힘을 가지고 있다.

스트레스 연구자인 미국 록펠러 대학교 브루스 맥웬 교수는 "스트레스는 피할 수 없을 뿐만 아니라 반드시 나쁜 것만은 아니다"라고 했다. 스트레스는 신체를 보호하며, 주변 환경을 경계하고 위험을 피하기 위해 계획을 세운다는 것이다. 또한 스트레스를 받을 때 분비되는 호르몬은 시력·청력을 향상시키고, 주변 환경을 더 잘 인식하게 만든다. 어떤 학자들은 "스트레스를 더 잘 받는 사람이 생존 경쟁에 더 잘 적응한다"고도 말한다.

21세기는 감성의 시대이다. 감성의 시대에 강한 트렌드는 바로 Fun(재미, 즐거움)이다. 승리하는 사람이 멋지기보다 즐기는 사람이 멋지다. 메달 따는 것만을 목표로 하여 인생에 빚지고 살 것인가, 아니면 순간 순간을 즐기며 최선을 다해 빛나게 살 것인가? 여기에 대한 해답은 각자의 몫이다.

밥맛 있는
세상을 꿈꾸며

유럽여행 중의 일이다. 먼 나라 여행지에서 만난 한 젊은이는 처음 만난 나에게 반갑다며 자신의 차로 가더니 와인 한 병을 들고 왔다. 그리고는 "우리의 만남을 축하하자!"라고 큰 소리로 말하면서 웃었다. 나도 덩달아 "좋다"고 하면서 머나먼 이국땅에서 서로의 만남을 축하했고 함께 노래했다. 그리고 다음날 기약 없이 헤어졌다. 이후 십수 년이 지났지만 다시 만나지 못했다.

생면부지인 사람과도 처음 만나 그 만남을 축하하고 그리워하며 살고 있는데, 정작 가까이 있는 사람들과는 축하의 시간을 자주 갖지 못하고 살아가는 것 같다.

지구인들 중에 특히 프랑스인들은 유럽문화의 중추를 이루는 라틴문화를 적극적으로 받아들여 전반적으로 명랑하고 낙천적인 민족성이 형성되었다. 독일이나 영국에 비하여 그다지 엄격하지 않고, 타민족의 문화도 너그럽게 포용한다. 프랑스는 또한 자유를 존중하여 사상적으로도 매우 자유롭다. 언론과 출판도 자유를 추구하고, 사람들은 자신의 사상이 존중받길 원하는 만큼 앞서 다른 사람의 사상도 존중한다.

프랑스 속담에 '프랑스인은 이빨로 무덤을 판다'라는 말이 있다. 지나칠 정도로 먹는 데 돈과 시간을 아끼지 않는다고 해서 나온 표현이다. 프랑스인들은 한 번 식탁에 앉으면 세월 가는 줄 모른다. 무려 2시간 이상을 투자하는 이 식사시간을 통하여, 그들은 사랑하는 사람들과 자주 교류하며 아낌없이 표현한다.

사실 프랑스의 위치는 국민들에게 풍족함을 준다. 지형적으로 한대성 식물과 열대성 식물이 골고루 자라고, 서쪽의 대서양과 남쪽의 지중해를 통한 수산자원도 풍부하다. 기름진 평야에서는 품질 좋은 곡식과 포도가 수확되고, 초원지대의 가축에게서 얻는 고기와 젖도 프랑스인들의 식생활을 풍성하게 해준다.

단순히 생존을 위해 음식을 취하던 시대는 지났다. 사람들에게 이제 식사는 맛과 함께 재미를 준다. 모두가 모여 앉아 식사하는 자리라도, 아무리 음식이 훌륭한들 기분이 나빠지면 '밥맛이 달아났다'며 일어선다. 이렇게 밥맛은 분위기가 중요하다. 프랑스인들의 긴 식사시간은 그들의 마음이 무척 여유롭고 서로 존중한다는 것을 객관적으로 보여준다. 누구나 분위기가 좋지 않은 곳에서 얼굴을 맞대고 오랜 시간 동안 식사를 하고 싶지는 않기 때문이다.

해외여행을 가보면 알 수 있지만, 가장 빨리 음식을 먹는 민족이 우리나라 사람들이다. 내과 의사들은 한국인의 위장병은 식사 분위기 때문에 생긴 경우가 많다고 지적한다. 예민하고 스트레스를 받으며 먹는 것이 문제라면서, 웃고 즐기면서 천천히 식사를 해야 위장병에 걸리지 않는다고 충고한다.

하지만 우리는 밥상머리에서는 떠들지 않는 것을 '잘 받은' 가정교육으로 삼아 왔으니, 당장은 프랑스인 같은 식사문화는 엄두도 내지 못할 것이다. 게다가 우리나라 사람들은 자신의 감정을 표현하는 데 꽤나 서툴기까지 하다. 그래도 작은 것에 축하할 줄 아는 여유 있고 유머 있는 사람이 될 수는 있을 것이다.

가족이 모여 식사하는 자리에서 그저 작은 일상이라도 좋으니 함께 나누고 축하하는 습관을 가져보는 건 어떨까? 사실 무한 광대한 우주 안에서 이렇게 아름다운 날들을 함께하는 것 자체가 축하받을 일 아닌가.

여러분 축하합니다.

삶이 하나의 축제이며, 축제 아닌 날이 없기를 바랍니다.

한국 문화와
웃음 상품

한류의 흐름을 타고 이제 한국 문화는 다양한 상품으로 외국인들에게 다가가고 있다. 그중에 가장 활발한 문화의 교류는 아마도 엔터테인먼트 분야일 것이다. 그와 함께 한국어 열풍도 대단하다. 이제 한글도 상품화되어 한국을 알리고 있다.

과거 우리 민족은 전통적으로 말을 타고 대륙을 누비며 수렵생활과 농사일을 병행하며 살았기 때문에, 일과 놀이를 분리하여 생활하지 않았다. 일을 하면서 노래했고, 노래하면서 춤을 추었으며, 그 노래 속에 해학이 있었고, 심신의 피로를 한바탕 노래와 웃음으로 풀었다.

우리나라 노동요 속에는 힘들고 고단한 삶을 희망으로 바꾸어주는 사설들이 많은데, 한국인에게는 한국인만의 웃음문화가 있었다는 것을 알 수 있다. 쪼그려 앉아 밭을 일구고, 풍장소리에 맞추어 허리춤을 흔들며 얼씨구절씨구 춤을 추었던 그 멋들어진 동작들을 보자. 즐거운 웃음과 함께 해학이 넘치는 탈놀이 속의 몸짓들은, 3박자의 움직임 속에 춤이 되고, 무술이 되고, 기공이 되었던 것이다.

웃음을 통해 나를 발견하고, 주관과 객관의 경계가 허물어지는 박장대소, 포복절도, 요절복통을 통해서 생리적·심리적·사회적 카타르시스를 경험하는 것이 아닐까? 한국인에게 웃음문화는 '마음밭'의 쟁기를 갈고, 굿거리장단에 맞추어 멋스럽게 웃고, 자진모리장단에 맞추어서 신명나게 웃고, 휘몰이에 맞춰서 박장대소, 포복절도를 하는 것이다.

우리 민족은 오래전부터 천지인의 삼재(三才) 사상을 알게 하기 위해 가위바위보를 놀이로 가르쳤고, 하늘과 땅의 이치를 알게 하기 위해 건지곤지(乾之坤之)를 가르쳤다. 철학이 놀이요, 놀이가 바로 삶의 배움터였던 것이다. 아이의 '도리도리' 동작을 통해 머리에 이상이 있는지 없는지를 확인했고, '까꿍'을 통해 웃음을 유발시켜 자연스럽게 웃음을 사회화시켰다.

과거 산업사회에서는 많은 자료와 자원을 들여 물품을 만들었지만, 지금은 눈에 보이지 않는 무형의 자산들이 돈이 되고 가치가 된

다. 웃음 산업은 현재 다양한 형태로 우리 사회에서 산업화되고 있
다. 즐거움이나 재미라는 가치는 엔터테인먼트를 발전시켰는데, 이
로 인해서 유발되는 웃음은 사람의 병을 치료하고 현대사회에서 기
업의 가치를 높여주는 중요한 산업 자산으로 등장했다.

　이제는 우리 한국적인 문화 속에 들어 있는 웃음의 가치를 발견
해야 한다. 얼마 전 필자가 모 방송국의 교양 강좌에서 하는 웃음 강
의를 본 중국의 한 대학교 관계자는 "중국에는 이런 문화가 없으니
대학에서 한 번 웃음 강연을 해주시면 좋겠다"는 제안을 해왔다. 웃
음으로써 마음이 열리고, 마음이 열리면 중국인들이 중요하게 생각
하는 '관계' 형성에 많은 도움이 될 것이다.

　국가는 우리 문화 속의 흥과 신명을 상품화하여 여기에서 나오
는 즐거움의 가치를 발견하고 웃음 문화를 활성화시켜야 한다. 원자
재가 들어가지 않으면서도 무한의 가치를 만들어낼 수 있는 웃음이
야말로 새로운 문화 산업으로 인식되어야 할 것이다.

얼의 씨를 구하다

상대방이 내게 웃으며 다가올 때, 사실 그 웃음이 진실한 웃음인지 가식적인 웃음인지를 구분하기는 쉽지 않다. 일단 웃는다는 것이 좋은 행위인 것은 분명하지만, 웃음이라는 가면 뒤에 무엇을 숨겨두었을지 알 수 없는 것 또한 사실이기 때문이다. 세상이 그렇게 무서워졌다. 대가 없는 호의는 의심부터 하라고 가르치지 않는가.

사람 좋은 웃음 뒤에 무엇이 있는지 알고 싶은 건 어제오늘 일이 아니고 동서양의 문제도 아니었나 보다. 100여 년 전 뒤센 드 불로뉴라는 프랑스의 신경학자가 진정으로 기분 좋은 웃음과 가식적인 웃음이 어떻게 다른지를 연구해 발표했으니 말이다.

그는 얼굴의 여러 부위에 전기 자극을 가한 뒤 근육이 수축된 결과를 사진으로 찍어 각각의 얼굴 근육이 사람의 표정을 어떻게 변화시키는지 연구했다. 뒤센은 '큰광대근'이라고 불리는 근육을 자극하여 나온 웃음 사진을 보면서 실험자가 정말로 기뻐 보이지 않는다는 것을 알아냈다.

진정 기뻐서 웃는 얼굴은 큰광대근과 눈둘레근이 함께 수축되었던 것이다. 큰광대근은 의지에 복종하지만 눈둘레근은 달콤한 감정을 느낀 영혼에 의해서만 움직인다고 한다. 생후 10개월 된 아기를 예로 들자면, 낯선 사람이 다가갈 때 아기가 웃는다면 그때는 눈 주위 근육이 움직이지 않는다고 한다. 하지만 엄마가 다가가면 눈을 둘러싼 근육이 움직인다고 한다.

행복한 부부가 저녁에 퇴근해서 다시 만나 웃음을 주고받을 때는 눈 주위 근육이 움직이지만, 사이가 좋지 않은 부부의 경우는 눈둘레근의 움직임이 나타나지 않는다고 한다. 또한 눈둘레근을 움직이며 죽은 배우자에 대해 이야기를 하는 사람은 2년이 지난 후에야 슬픔이 줄어들었다고 한다.

일반적으로 눈둘레근을 움직여 웃는 사람들이 기쁨을 더 자주 느끼고 혈압이 더 낮다고 한다. 그 배우자와 친구들도 그들이 행복한 사람이라고 정의했다. 눈둘레근과 입술 주변 근육을 함께 움직여 웃으면 즉흥적인 즐거움을 느낄 때 작용하는 뇌 부위, 즉 좌측두엽과 전측두엽의 활동이 활발해진다. 그냥 입술 근육만 움직일 때는 이러한 변화가 일어나지 않는다. 즉, 승무원 웃음이라고 불리는 일명 '펜 아메리카' 웃음은 입술 근육만을 주로 사용하기 때문에 진정한 웃음으로 보기 어렵다는 말이다.

흔히 얼굴은 그 사람이 살아온 삶의 거울이라고 한다. 행복한 웃음은 바로 눈, 즉 마음의 창까지 웃는 웃음이다.

이것을 나는 '얼씨구'라고 부른다. 즉, '얼의 씨를 구했다'는 말이다. 자기 자신의 온전한 마음을 보여주고자 할 때 바로 뒤셴 웃음으로 웃어야 한다. 그렇게 되면 상대방도 진실한 마음으로 받아들일 것이다.

파안대소, 박장대소처럼 순수함이 실려 있는 웃음이 필요하다.

맞장구의 기술

우리나라 전통악기 중에 장구라는 악기가 있다. 원래 '장구'라고 부를 때는 노루 장(獐)에 개 구(狗) 자를 쓴다. 노루의 가죽과 개 가죽을 말려 만들었기 때문에 붙은 이름이다. 다른 한편으로는 '장고(杖鼓)'라고도 불렸는데, 오른손으로 채를 들고 친다고 하여 붙여진 이름이기도 하다.

장구의 가운데 오동나무로 만든 부분을 흔히 '울림통'이라고 부르는데, 이 울림통은 허리가 잘록하여 '세요고(細腰鼓)'라고도 불렸다. 장구는 이 울림통으로 왼쪽이나 오른쪽의 소리가 반대쪽 가죽을 울려 소리를 낸다. 즉, 하나로는 소리가 나지 않고 양쪽 울림이 있어야 소리가 나는 구조로 되어 있다.

'맞장구'는 아마도 이런 장구의 소리 구조에서 유래된 말이 아닐까 싶다. 한 사람이 어떤 말을 할 때 그 말에 동조, 호응해 주는 모양을 '맞장구친다'고 말한다. 장구 역시 음과 양의 소리가 있어 왼손과 오른손을 이용하여 좌우 소리를 내어 반주를 맞추기 때문에 음양이 조화를 이룬다. 인간의 모든 만남도 음양의 조화가 있어 서로 맞장구를 잘 쳐줘야 그 만남이 이어진다.

부부관계도 마찬가지다. 아내의 말에 남편이 맞장구를 잘 쳐줘야 가정이 평안하고, 남편의 말에 아내가 맞장구를 잘 쳐줘야 남편의 기가 살아서 하는 일이 잘된다. 맞장구를 잘 쳐주는 사람의 입가엔 항상 미소가 흐르고, 말하는 사람은 신이 나 얼굴에 웃음기가 가득하다. 판소리 마당에서는 이것을 '추임새'라고 부른다. "얼씨구, 그렇지, 잘~ 헌다, 얼쑤!" 하면서 추임새를 넣어주면 창(唱)을 하는 이는 그 추임새를 듣고 소리의 수위를 조절하여 신명을 더한다.

우리는 누구나 어린 시절 어머니로부터 맞장구를 배웠다. 아이가 옹알이를 시작하면 엄마는 "오야오야, 그래그래, 좋아?" 하면서 맞장구를 쳐준다. 그러면 그 맞장구에 맞춰 아이는 계속 옹알거리다 어느 날 갑자기 말을 하게 되는 것이다.

현대인들은 흔히 말하는 '좋아요' 신드롬에 시달리고 있다. '좋아요' 숫자에 행복을 느끼고, 숫자가 늘지 않으면 우울해진다. 심지어 '좋아요'를 누르지 않는 친구들, 즉 '눈팅족'들에게 절교를 선언

하기도 한다. 어느 인터넷 카페에서도 '악플은 절대 사절, 버그는 두 번 사절, 눈팅은 백 번 사절'이라는 글을 본 적이 있다. 댓글을 쓰는 것이 귀찮다면 공감이라도 해주라고 한다. 이처럼 인터넷상에서도 맞장구를 쳐주면 행복해 하고 좋아한다.

성공한 삶, 행복한 삶을 살기 위해서는 맞장구를 잘 쳐줘야 한다. 눈 맞추고, 고개를 끄덕여주고 "그래 그래! 맞아 맞아! 나도 그렇게 생각해!"라고 맞장구를 쳐주면 신뢰가 더 쌓인다. 상대방뿐만이 아니다. 자신에게도 혼잣말로 맞장구를 쳐주자. "그래그래! 내 말이 맞아! 역시 내가 최고야!" 그러다 보면 자존감도 높아지고 신뢰감도 한층 더 형성된다. 자존감은 스스로를 존중하고 사랑하는 일이다. 자존감은 누가 아무리 뭐라 하더라도 내가 먼저 나의 편이 되어주는 일이기 때문이다.

자신이 스스로를 인정하지 않으면서 다른 사람이 자신을 인정해주길 바라는 것은 모순이다. 낮았던 자존감을 회복하게 되면 긍정적인 생각을 하게 되고, 성취하고 싶은 일에 자신 있게 도전할 수 있다. 사소하거나 중대한 실수들에 관대해지며 실패를 두려워하지 않게 된다.

사실 실수나 실패는 목표를 향해 가면서 겪는 하나의 과정일 뿐이다. 자존감 있는 사람은 비록 실수하고 실패하더라도 마음을 다잡고 재도전하여 원하는 목표에 도달하고 만다. 그러나 자존감 낮은 사람들은 실수나 실패를 하면 스스로 포기해 버리는 경우가 많다.

이 시대에는 무엇보다 자존감을 갖고 살아가는 것이 중요하다. 자신을 사랑하지 않는 사람은 타인을 사랑할 수 없기 때문이다. 자존감이 낮은 사람은 타인의 자존감도 존중할 수 없다. 자존감을 가진 사람은 자신뿐만 아니라 타인의 실수나 실패까지도 포근하게 감싸 안을 수 있고 더불어 따뜻한 세상을 만들어갈 수 있다.

가장 좋은 맞장구 기술은 웃음이다. 맞장구치며 눈을 마주 보고 웃는 것이야말로 인간관계를 아름답게 이어주는 최고의 보물이다.

오락가락(五樂歌樂)

친구에게 인생이 뭐냐고 물으면 "인생이 별거냐! 그냥 즐기는 거지."라는 말을 한다. 사람들에게 "죽음을 앞두고 지나온 인생 중에서 무엇을 가장 후회하는가?"라고 묻자 "좀 더 참을 것을, 좀 더 베풀고 살 것을, 좀 더 즐기고 살 것을 너무 아등바등 살았네."라는 말을 한다.

한 해가 마무리 되어가는 시점에서 되돌아보면, 엊그제 1월이라고 희망에 찬 마음을 가졌는데 벌써 12월의 마지막 달이라고 후회를 한다. 하지만 아직 시간은 있다. 좀 더 의미 있고 인생의 즐거움을 누리면서 살 시간이 많이 있다.

그렇다면 어떻게 살아야 즐겁게 사는 것일까?

1. 눈이 즐거워야 한다

눈이 즐거우려면 좋은 경치와 아름다운 꽃을 보자. 그러기 위해서는 여행을 자주하는 것이 좋다. 외국 사람들에게 물으면 여행하기 위해 돈을 번다는 사람도 많다. 여행은 휴식도 되고 새로운 에너지를 충전하는 기회도 되기 때문이다. 하지만 여행이라고 해서 꼭 먼 곳을 말하는 것이 아니다. 동네를 산책하다 만나는 이름 모를 풀 한 포기, 시간 나는 대로 읽는 좋은 글, 즐거운 시간을 추억할 수 있는 사진을 보면서 맘껏 행복해질 수 있다. 그것이 바로 즐겁게 사는 방법이 된다.

2. 입이 즐거워야 한다

입이 즐거우려면 맛있는 음식을 먹자. '금강산도 식후경'이란 말도 있지 않은가. 어떻게 보면 먹는 것이 제일 중요하다고 볼 수도 있다. 우리 몸을 유지하기 위해서는 몸에 필요한 영양소를 골고루 섭취해야 하기 때문이다. 식도락가는 아니더라도 미식가는 되어야 하지 않겠는가. 필자는 연구실과 집 그리고 자동차에 항상 녹차를 가지고 다닌다. 차를 마시면서 나의 입을 즐겁게 하기 위함이다.

그리고 무엇보다 좋은 말을 통해 입을 즐겁게 해주어야 하지 않을까? 즐거운 말, 기쁨에 찬 말, 감사의 말, 칭찬의 말은 나를 즐겁게 한다.

3. 귀가 즐거워야 한다

귀가 즐거우려면 아름다운 소리를 듣자. 계곡의 물소리도 좋고 이름 모를 새소리도 좋다. 좋아하는 가수의 음악을 듣는 것도 귀를 즐겁게 하는 일이다. 조용히 음악을 감상하는 것이 정서에 얼마나 좋은지 모른다. 음악을 즐기는 사람치고 마음이 곱지 않은 사람이 없다고 하지 않는가. 그리고 사랑하는 사람의 귀에 대고 가장 즐거운 말을 속삭여주자. "사랑해!"

4. 몸이 즐거워야 한다

몸이 즐거우려면 자기 체력과 소질에 맞는 운동을 하자. 취미에 따라 적당한 운동을 하면 건강에도 좋고 몸도 즐거워진다. 성공 리더들의 필수 조건은 바로 건강이다. 건강한 몸에서 건강한 생각이 나온다. 그렇기에 학생들에게도 체육시간을 돌려줘야 한다.

5. 마음이 즐거워야 한다

마음이 즐거우려면 남에게 잘 베풀자. 가진 것이 많아야 베푸는 것이 아니다. 자기 능력에 따라 베푸는 것이다. 남에게 베풀 때 정말 마음이 흐뭇하다. 마음으로라도 베풀어야 한다. 남을 칭찬하는 것도 베푸는 것이다. 마음이 즐거워야 진정한 즐거움이다.

생각의 진액은 바로 '시(詩)'이다. 시에 운율을 얹으면 노래가 된다. 노래(歌)에 인생의 희로애락(喜怒哀樂)이 있다. 아름다운 노래를 해보자. 인생이 후회 없어지고 즐거워진다.

움직임 교육

학생들의 체육활동은 학습에도 긍정적인 영향을 준다. 많은 학자들은 꾸준한 운동이 신경계를 자극하고 모세혈관의 확장으로 뇌 혈류량을 증가시킨다고 했다. 즉, 뇌 기능을 활성화하여 학습에 좋은 영향을 준다는 이야기다. 또 우울감이나 분노 등을 낮춰주고 안정감, 평안함을 가져다주며 집중력 향상에도 도움을 준다.

EBS 방송에 의하면, 미국이나 선진국 학부모들은 이미 체육수업이 매우 중요하다는 공감대가 형성되어 있다고 한다. 1999년 미국의 한 지역에서 실시한 0교시 체육수업의 결과를 보면, 체육이 신체의 건강 효과 외에 여러 면에 효과가 있다는 것을 알 수 있다.

한 학교에서 학생들에게 각자의 체력에 맞게 목표를 설정해 주고, 전속력으로 매일 1.6㎞를 달리도록 했다. 그리고 1교시에는 수학과 과학 등 두뇌를 많이 사용하는 과목을 공부했다. 그 결과 한 학기 동안 0교시 체육 수업에 참가한 학생들은, 건강뿐만 아니라 읽기와 문장의 이해력까지 향상되었다. 참가하지 않은 학생들과 비교해 봤을 때 성적이 훨씬 더 올랐다. 운동을 한 직후에 뇌가 학습에 가장 유리한 상태가 되기 때문이었다.

일본에서는 중·고등학생들에게 다양한 동아리를 만들어 운동을 하도록 권장하고 있다. 핀란드에서도 학생의 하루 운동량을 한두 시간으로 잡고 있다. 체육이 왜 필요하냐는 질문에 핀란드 학생들은 "협동하는 법을 배울 수 있기 때문"이라고 대답했다. 또 "다른 사람의 실수를 너그럽게 넘길 수 있는 아량도 배울 수 있다"고 했다.

여러 논문과 연구에서도 밝혔듯이 '움직임 교육'은 현대인들에게 중요한 교육이 되어야 한다.

사람들이 달리기를 좋아하는 이유 중에 하나가 30분 정도 달렸을 때부터 느껴지는 러너스 하이(runner's high)라는 행복감의 상태 때문이라고 한다. 어떤 운동에 몰입하게 되면 우리 뇌에서는 엔도르핀, 오피오이드 펩타이드(opioid peptide) 같은 호르몬들이 분비가 되어 기분 좋은 상태, 행복감 등을 주게 된다.

독일의 축구 감독이 "유소년 때부터 축구를 즐기는 법을 가르쳐야 평생체육으로써 축구를 할 수 있고 축구가 발전한다"고 말하는 것을 들었다. 즐길 줄 아는 스포츠를 해야 한다. 스포츠는 재미다. 놀이에서 발전한 스포츠는 경기의 규칙을 통해 서로를 보호하고, 그 규칙을 통해서 가장 선의의 경쟁을 할 수 있는 재미있는 움직임의 결정체다.

운동선수들은 쉬는 시간에 긴장을 풀고 재충전을 하는 방법으로 골프 등의 운동을 한다고 한다. 축구선수 유상철은 "골프는 스트레스 해소에 그만이다. 후배들이 골프를 즐기면서 축구나 야구 등 해당 종목에서 쌓인 스트레스를 푸는 힐링의 시간을 가졌으면 좋겠다."라고 했다.

즐길 줄 아는 사람, 놀 줄 아는 사람, 즉 재미를 아는 사람이 행복한 사람이다. 스포츠는 삶을 재미있게 살 수 있는 방법을 쉽게 알려주는 매개체다. 야구장이나 농구장에 가서 선수들과 함께 호흡하고 함성 지르고 응원하다 보면 실제 운동하는 효과를 얻을 수 있다. 일석이조가 아닌가. 운동을 하면 우울증을 이겨낼 수 있고, 각종 성인병에서도 멀어질 수 있으니 말이다.

시간을 지배하는 자,
인생을 지배한다

시간 관리를 잘하기로 소문난 작가 빅터 프랭클은 삶에 대한 성찰과 회고를 『삶의 의미를 찾아서』에 정리해 놓았다. 1995년 3월, 그의 90세 생일에 적었던 글에는 '시간을 어떻게 관리하는가?'라는 대목이 있다. 그는 아우슈비츠에서 살아남았고, 그 후 삶을 응시하는 시각이 달라졌다. 특히 시간에 대한 부분이 그러했는데, 그는 시간에 대한 두 가지 원칙을 세웠다.

첫째, 가능한 모든 일을 빨리 마무리하기

둘째, 싫어하는 일을 먼저 하기

그는 가능한 일을 빨리 마무리하여 스트레스를 관리하는 것을 원칙으로 삼고 있다. 그리고 그것에 대해 이렇게 말했다.

나는 즐거운 일을 하기 전에 싫어하는 일을 먼저 한다. 마지막 순간까지 일을 미루지 않고, 가능한 빨리 모든 일을 하려고 노력한다. 이 같은 원칙은 내가 지나치게 많은 일에 의해 압도될 때 내가 여전히 해야 일이 있다는 사실 때문에 추가적인 스트레스를 받지 않도록 해준다.

탈무드에도 "시간을 지배하는 자가 인생을 지배한다"라는 구절이 나온다. 사람들은 시간을 관리하는 것에 대해 대부분 미숙하다. 시간 관리는 어쩌면 자신과의 싸움이기 때문일 것이다. 시간을 잘 관리하는 사람들은 그만큼 자신을 잘 컨트롤 한다고 볼 수 있다. 그리고 그런 사람들이 대부분 성공을 거둔다.

'세월부대인(歲月不待人)'이란 말이 있다. 세월은 사람을 기다려주지 않는다는 뜻이다. 시간은 한 번 지나가면 다시 돌아오지 않으니 시간을 소중히 아껴 쓰라는 뜻이다.

1인 기업의 활성화로 말미암아 주말을 재충전의 시간으로 삼는 사람들도 늘어나고 있다. 어찌 보면 주말은 시간 자본이라고도 생각할 수 있다. 처음에는 겉으로 확 드러나지 않지만 시간이 흐르다 보면 주말 경영을 하느냐 마느냐에 따라 많은 것들이 바뀐다. 주말을 어떻게 보내는가에 따라 현재 삶과 은퇴 이후 이모작, 삼모작 인생이 달라지는 것이다.

주말을 의식적으로 잘 보내기 위한 방법을 알아보자.

1. 자신과의 약속을 실천한다

평소에 자신이 하고 싶었던 일이 있었다면 주말을 이용해 그 일을 실천해 본다. 서너 개의 유동적인 약속을 잡고, 그중에 쉽게 실천할 수 있는 내용부터 시작해 보는 것이다. 필자도 주말을 이용하여 몇 주간의 교육을 통해 스킨스쿠버 자격증을 취득했다. 군대 시절에 취득하지 못한 아쉬움을 20년 만에 이룰 수 있는 좋은 기회였다.

요즘은 평생교육프로그램이 주말 과정으로도 있으니, 그런 프로그램을 이용하여 자기 발전의 기회로 삼는 것도 좋다. 진정으로 쉼이 필요한 사람들이라면 잠시 현실에서 벗어나 하루를 내려놓고 쉼을 체험하는 것도 좋고, 종교적인 프로그램에 참여하여 자신을 성찰하는 시간을 가져보는 것도 좋다.

2. 주말 아침을 잘 활용하자

주말 아침을 소중히 사용할 줄 아는 사람이 행복감도 높고 성공적인 삶을 경영할 수 있다. 주말 아침 일찍 산에 올라 떠오르는 태양을 향해 힘차게 함성을 질러보거나 박장대소하면서 웃는 연습을 하다 보면 일주일을 잘 정리할 수 있을 것이다.

3. 가족 간 친목을 다지자

주중에 가족들과 약속을 해서 주말에는 가족 간의 유대관계를 강화시킬 프로그램을 기획해 보는 건 어떨까. 이슈가 된 장소나 맛집 탐방을 해도 좋고, 공연이나 영화를 관람하거나 스포츠 경기에 함께 참여해 보는 것도 좋을 것이다.

4. 월요일을 준비하는 시간을 갖는다

주말에 너무 무리를 하면 다음 주가 힘들어진다. 어떤 일이든 귀가 시간은 이른 오후로 잡고, 다음날을 위해 나머지 시간을 휴식모드로 취한다면 완벽하게 재충전할 수 있는 주말이 될 것이다.

한 사람이 여든 살까지 산다고 했을 때 4천160번의 주말이 주어진다. 모든 주말은 자신이 어떤 사람이 될 것인지를 좌우할 만큼 중요하다. 성공한 사람들은 이미 그 사실을 잘 알고 있다. 주말을 소중히 여기며 휴식을 누릴 줄 안다면, 당신도 성공한 사람이 아닐까.

최고의 나눔,
웃음

12월이 되면 사람들의 아쉬운 마음을 달래기나 하듯 네온사인은 더 반짝거린다. 도시의 거리마다 마치 파도처럼 출렁이는 네온사인과 교회 앞 커다란 나무들 위에는 크리스마스 트리와 전구가 매달려 밤하늘을 밝힌다.

연말연시의 조금은 들뜬 분위기와 달리 소외된 이웃에게 겨울은 매섭기만 하다. 불빛이 화려한 만큼 그림자는 더 짙고 길게 늘어진다. 한때 잘나가던 사람들이 쪽방에서 외롭게 12월을 맞기도 하고, 연락도 없는 자녀들을 기다리는 독거노인들은 부지기수다. 추운 날씨에 연료 걱정, 김장 걱정 등이 시작되면 어김없이 여기저기에서 구세군의 종소리가 들리고 자연스럽게 '나눔'이라는 단어가 등장한다.

이제는 기부나 나눔이 하나의 문화로 자리 잡았지만, 사실 IMF 이전까지만 해도 기부나 나눔은 가진 자가 못 가진 자에게 주는 일종의 '베풂'이었다고 해도 과언이 아니다. 물론 폐지 팔아 모은 돈을 장학금으로 기증하거나 노점상으로 번 돈을 보육원에 몰래 놓고 오시는 어르신도 있었지만, 그건 어디까지나 극히 드문 경우였기 때문에 앙시(仰視)의 대상이 될 수밖에 없었다.

'좀도리'라는 말이 있다. 절미(節米), 즉 쌀을 절약한다는 전라남도의 방언으로, 밥을 지을 때 쌀을 한 줌씩 덜어내어 작은 항아리에 모아두었다가 가정형편이 어려운 사람에게 나눠줬던 것을 말한다. 또 '까치밥'이라는 것도 있다. 꼭대기에 달린 감을 따지 않고 새가 먹으라고 남겨두는 것이다. 이렇듯 우리 조상들은 더불어 살아가는 '나눔'을 실천하며 살아왔다.

큰돈이나 비싼 물건을 주어야만 나눔이 아니다. 이웃들에게 웃으며 인사하거나 귤 하나를 나눠먹으며 수다 떠는 일상도 나눔의 한 종류인 것이다.

마음이 어두워진 사람들에게 진정 필요한 것은 무엇일까. 겨울에 추위보다 더 힘든 것이 외로움과 상실감이다. 숨을 쉬기 위해선 공기 중 산소가 꼭 필요하듯이 사람에게는 사람이 필요하다. 처절한 고독에 빠진 사람들에게 사람의 향기는 얼마나 그리운가. 연탄이나 쌀을 나누는 것도 중요하지만, 손을 마주 잡고 마음을 나누는 것이야말로 진정한 나눔이 아닐까.

뭐니 뭐니 해도 마음을 나누는 최대의 매개체는 웃음이라고 할 수 있다. 아무리 맛있는 음식을 나눠먹더라도 얼굴 찡그리며 이웃을 대한다면 어찌 마음의 문을 열 수 있겠는가.

누구라도 몸이 아프거나 마음이 아프면 당장 인상부터 쓰고, 제일 먼저 얼굴에서 웃음기가 사라진다. 필자는 그 얼굴에 웃음을 되찾아주는 것이 나의 일이라고 생각해 왔다.

가진 것이 없어도 언제든 마음만 먹으면 누구나 아낌없이 나눌 수 있는 것, 그것이 바로 웃음이다. 웃음을 나눔으로써 나 자신은 물론 주위까지도 환하게 만들어보자. 나눔은 정말 행복하고 복된 일이다.

소통의 길

인간은 사람들과의 관계 속에서 살아가야 하는 사회적 동물이다. 인간관계에서 가장 중요한 리더십의 한 덕목으로 떠오르는 것이 바로 소통의 리더십이다.

인간관계에서 소통(疏通)이란 듣고 말하는 것을 가리킨다. 대화는 일단 상대의 말을 들어야 하고, 그 말에 대해 공감한 다음 자신의 의견을 말할 때 비로소 '소통한다'고 볼 수 있다. 소통을 위해 가장 먼저 시작해야 하는 것이 바로 눈을 맞추는 공감법이다. 그리고 다음 단계인 진심어린 미소가 상대를 빗장 해제시킨다.

내면에 담긴 긍정적인 인식이 표정으로 드러나고 상대방에게 전달되면, 어떤 의사소통도 긍정적으로 이루어질 수 있다. 상황이 힘들어도 미소를 지으면 기분이 바뀌게 된다. 즉, 21세기 감성의 시대에는 웃음으로 통해야 한다. 그것이 제대로 된 소통(笑通)이다. 웃음으로 통하기 위해서는 세 가지를 기억하면 된다.

1. 감정(感情)이 소통되어야 한다

감정으로 소통하기 위해서는 마음이 통해야 한다. 마음의 창은 어디일까? 바로 눈이다. 서로 눈높이를 맞춰야 한다. 인간 커뮤니케이션의 첫 번째가 바로 '깍꿍'이다. 부모와 자식이 서로 눈을 맞추고 그 소리에 아기가 빙그레 미소를 지을 때 비로소 만남이 시작된다. 30년간 서로 다른 인생을 살았던 사람도 첫눈에 반하면 모든 인생이 다시 시작되는 것이다.

부부간에도 눈이 맞아야 대화가 올바르게 된다. 회사도 기업도 소비자의 눈높이를 맞춰야 제품이 팔린다. 자신의 얼이 들어 있으며 얼굴에서 가장 크게 마음을 담고 있는 곳, 바로 눈을 맞출 때 인간의 본성이 살아나고 '얼씨구!'가 되는 것이다. 내가 누구인가? 나의 위치가 어디인가? 당신의 마음이 무엇인가? 감정의 소통이 바르게 이루어질 때 웃음이 절로 나온다.

2. 감동(感動)이 소통되어야 한다

눈을 맞추고 얼굴을 바라보면서 "그렇지! 맞아!" 하고 맞장구를 쳐주면 신나지 않을 사람이 없다. 어린아이가 받아쓰기 시험에서 맨날 50점을 못 넘다가 100점을 받아오면 어떻게 집에 들어오는가? 시험지를 태극기처럼 휘날리면서 달려온다. 그리고 엄마에게 자랑하면서 발을 동동 구른다. 왜 그럴까? 그렇다. 엄마가 눈을 마주치고 "그렇지! 그렇지!" 끄덕이면서 칭찬해 줄 것을 기대하기 때문이다. 그 한 번의 칭찬이 아이의 인생에 큰 전환점을 가져온다.

3. 감흥(感興)이 소통되어야 한다

웃음이란 신명과 흥이 기본적인 감정 요소이다. 신이 나고 흥이 나면 자연스럽게 "하하 호호" 웃음이 나온다. 박수치고 '우와!' 하고 환호를 해주면 기적을 만들어내는 나라가 바로 대한민국이다. 전 세계에서 가장 흥분을 잘하고 응원 문화가 발달된 나라가 바로 우리나라이다. 왜일까? 우리 민족은 그 기질상 감흥이 일어나면 못해내는 것이 없기 때문이다. 흥(興)이 불리면 하늘에 신(神)도 불러내는 묘한 능력을 지닌 나라이다.

자신을 살리려거든 자신에게 박수와 환호를 보내자. 조직을 살리려거든 아침을 박수와 환호로 시작해 보자. 세포가 살아나고 몸이 살아난다. 눈을 맞추고 고개를 끄덕이면서 박수를 치고 환호해 보면 모두가 소통하게 될 것이다.

내면에서 우러난 즐거운 미소는 성공의 열쇠라고 할 수 있다. 눈을 마주치며 즐겁게 웃는 것만으로 더 많은 소득을 올리고, 더 행복하게, 더 오래 살 수 있다.

성경 말씀에 "항상 기뻐하라, 범사에 감사하라, 쉬지 말고 기도하라"는 말씀이 있다. 내면의 성숙도 지표는 어쩌면 웃음이나 미소가 아닐까. 거울을 보고 즐거운 기억을 떠올리게 되면 누구나 유쾌해진다. 하지만 전혀 웃음 짓지 못할 상황에서도 웃을 수 있는 마음의 여유와 너그러움, 배려 그리고 관조야말로 누구도 따라올 수 없는 성숙함일 것이다.

세상 최고의 효도

〈약장수〉라는 영화가 있다.

일용직을 전전하는 신용불량자인 일범은 친구의 소개로 홍보관인 '떴다방'에 발을 들여놓는다. 노인들을 상대로 건강식품과 생활용품을 파는 일이 내키지 않았지만, 반년이나 밀린 집세에 한숨 쉬는 아내와 지병으로 늘 코피 흘리는 어린 딸을 책임져야 하는 상황에 찬밥 더운밥 가릴 때가 아니었다. 홍보관 점장은 "우리가 자식보다 낫지. 세상에 어떤 자식이 매일 엄마한테 노래 부르고 재롱 떨어줘?"라고 합리화시키며, 처자식을 생각해서라도 열심히 일하라며 그를 격려한다.

홍보관 손님 중 검사 아들을 둔 '옥님' 엄마가 있다. 그녀는 혼자

살며 이웃집 손녀를 봐주는 소일을 하다 친구의 소개로 홍보관에 발을 들여놓게 된다. "엄마"라고 불러주며 재롱부리는 그들 덕분에 웃음을 찾고 선물도 받아가는 재미에 빠진다. 살갑게 대하며 날마다 손을 꼭 붙잡고 "엄마"라고 불러주는 그들이 '약장수'란 걸 노인들도 잘 안다. 하지만 갈 곳 없고 말할 곳 없는 노인들의 가슴을 녹여준 약장수들이 고마운 존재로만 보인다.

그래서 즐겁게 놀아준 그들이 "엄마, 나 좀 도와줘."라며 손에 물건을 쥐어주면 냉정하게 내칠 수 없다. 그렇게 산 물건이 장롱 속에 쌓일수록 어머니들 지갑은 더 얄팍해지며 빚도 늘어간다. 재미나게 놀던 곳에서 눈 깜짝할 사이에 빚더미를 안게 된 할머니들이 발길을 끊자, 점장은 집까지 찾아가 "돈이 없다"는 노인에게 욕을 하며 손가락의 반지마저 빼앗는다.

그런 점장의 비인간적인 모습을 보며 주인공 일범은 갈등을 느낀다. 친자식들에게 '윽박'당하고 자식들만 같던 그들에게도 '협박'당하는 존재로 추락한 노인들. 하지만 본인의 생계가 막막한 일범은 가정을 지켜야 했고, 어머니 같은 옥님에게 협박을 해서라도 수금해가야 하는 현실이 너무 괴로워 눈물을 흘린다. '어머니들'을 웃기면서도 '자신'은 울 수밖에 없는 것이다.

사람은 나이 들수록 외로워지는 법이다. 하루 평균 4.7명의 노인들이 '고독사'하는 한국 사회, 자식들은 바빠 연락 한 통 없고 외로운 부모는 갈 곳이 없다.

필자의 어머니께서도 말씀하시곤 했다. "젊어서는 모른다. 나이 들면 얼마나 외로워지는지, 자식한테 전화 한 통만 와도 얼마나 반갑고 고마운지." 나이 들면 우리도 똑같은 마음으로 외로운 눈물을 흘리리라. 그러나 당장은 부모님들의 외로운 가슴을 알려고도 하지 않는다. 부모님과 함께하는 시간은 모든 순위에서 밀려나고, 그저 바쁘다는 핑계로 회피한다. 그러니 어르신들은 웃음을 찾아 외로운 방황을 하는 것이다.

노인이 되면 일손이 줄고 시간적 여유가 많다. 평소 직장에만 충실하다 친구를 사귈 겨를이 없었던 노인들은 더 외로움이 깊어진다. 연령이 높아질수록, 또 소득이 낮거나 여성일수록 우울증이 발현될 비율이 높다. 하지만 자녀들도 경제적인 시름 등 각종 이유로 말미암아 노부모를 미처 돌봐드릴 겨를이 없다. 그럴 때 누군가는 자신의 자녀를 먹여 살리기 위해 웃음을 팔고, 누군가는 외로움을 달래기 위해 지갑을 연다. 노인 인구는 계속 늘어날 테고, 웃음을 파는 약장수도 더 기승을 부릴 것이다.

요즘 어버이날의 풍경을 보면 과거와 꽤나 달라진 양상을 알 수 있다. 어버이날의 대명사였던 카네이션 대신 문자를 보내고, 정성스럽게 고른 선물 대신 현금을 송금한다. 그나마 문자라도 보내는 자식이 있으면 다행이지만, 자식들에게 버림받은 독거노인이 늘어나는 추세이니 어버이날이 되면 오히려 마음이 더 외로워지는 어르신이 많다. 이런 어르신들이 쉽게 가는 곳이 건강식품 등을 파는 홍보관이다. 영화 〈약장수〉를 보며 '우리 부모님들이 저런 마음이셨구나, 자식보다 자신들의 외로움을 달래주고 즐거움을 주는 사람들에게 어쩔 수 없이 지갑을 여는구나.' 싶었다.

실은 필자에게도 그런 경험이 있다. 벌써 십수 년 전 일인데, 어르신을 대상으로 한 건강 관련 강의를 한 날이다. 강의를 하면서 어르신들에게 노래도 불러드리고 많이 웃게 해드렸더니, 강의가 끝나고 어르신들이 검정 비닐봉지 하나를 내미셨다. 뭔가 하고 안을 들여다보았더니, 비닐봉지 안에는 어르신들이 모은 1천 원짜리 지폐가 들어 있었다. 땀까지 흘려가며 당신들을 실컷 웃게 해주었으니 배고플 때 뭐라도 사먹으라며 건넨 것이었다.

가랑비가 추적추적 내리던 어느 날, 일흔을 넘긴 할머니가 자살을 했다. 앰뷸런스가 와서 할머니는 병원으로 실려 갔고, 경찰들은 수사를 시작했다. 그들은 자살 원인을 찾아내려고 할머니의 아파트로 갔다. 아파트 안은 고급 옷과 값비싼 장식품들로 가득 채워져 있었지만 가족은 아무도 없었다.

물질적인 어려움 때문에 자살한 것은 아닌 것 같아 혹시 건강이 나쁘거나 불치병에 걸린 건 아닌가 싶어 할머니의 주치의에게 전화를 했다. 하지만 그는 할머니가 몹시 건강했다고 말했다. 경찰관들은 이곳저곳을 뒤지다 책상에서 할머니의 일기장인 듯한 수첩을 발견하게 되었다. 수첩을 펼쳐본 경찰관은 말없이 고개를 끄덕일 수밖에 없었다. 할머니의 수첩엔 하루도 빠짐없이 똑같은 글이 적혀 있었기 때문이었다.

"오늘도 아무도 나에게 오지 않았음."

부모님의 얼굴이 웃음으로 환하게 빛날 때, 당신은 세상 최고의 효도를 하고 있는 것이다.

여성을 웃게 하자

요즘 '비혼(非婚)'에 관한 담론이 늘어나고 있다. 마크로밀 엠브레인의 트렌드모니터(trendmonitor.co.kr) 조사에 따르면, 전국 만 19~59세 미혼남녀 1천 명을 대상으로 인식조사를 실시했는데, 결혼의 필요성을 크게 느끼지 못하는 미혼남녀들이 점점 늘어나고 있다는 것이다.

여성 비혼주의자들은 살림과 육아 부담이 여성에게만 주어지는 현재 결혼제도에 순응하기를 거부한다. 직장에서 하루를 보내면 녹초가 되는데, 여기에 육아와 집안일까지 동시에 할 자신이 없다는 이야기다. 워킹맘으로 살기 쉽지 않은 현실이 비혼을 선택하게 만드는 것이다.

좋아하는 공연을 보거나 여행을 다니는 것만으로도 삶이 완전하다고 느끼는 비혼주의자들도 많다. 그들은 친구들이나 반려동물과 보내는 시간을 중요한 일상이라고 여긴다. 현재의 익숙한 편안함이 배우자와 자녀로 인해 변하는 것을 원치 않는다. 주변의 워킹맘을 보면서 그 결심은 더욱 굳건해진다.

여성 경제활동 인구가 절반을 넘었다지만, 우리 사회의 보육·교육 여건은 별로 나아진 게 없다. 이러니 직장과 양육의 부담을 짊어진 워킹맘의 하루하루는 '전쟁'일 수밖에 없다. 특히 아침에 받는 스트레스는 하루에 받는 스트레스 중 제일 클 것이다. 하루의 시작에 웃음이 없을 수밖에 없다. 이래서야 워킹맘의 정신 건강이 온전할 리 없다.

워킹맘의 23.1%가 우울 성향을 보였다는 조사 결과는 섬뜩하기까지 하다. 가정과 사회의 행복을 위협하는 경고 신호가 아닐 수 없다. 여성에게 가사와 육아 부담이 쏠려 있는 가정문화부터 바뀌어야 한다. 양성평등은 가정에서부터 지켜져야 한다. 가정이 즐거우면 자연히 회사생활도 즐거워진다. 왜 웃음이 없어지는 걸까? 집에 가면 행복한 모습보다는 삶의 전쟁에서 남겨진 흔적만이 기다리고 있기 때문이다.

기업이나 공공기관도 워킹맘을 배려하는 마인드를 키워야 한다. 워킹맘이 아이들을 돌볼 수 있는 시설의 설치라든가, 회사 눈치 안

보고 아이들을 위해 육아휴직을 쓸 수 있는 풍토부터 자리잡게 해야 한다. 여성부가 탄력근무제를 할 수 있는, 이른바 '퍼플 칼라' 직종 개발에 나선 만큼 기업의 적극적인 호응이 있어야 할 것이다.

필자가 사회적 운동으로 펼치고 있는 '요람에서 무덤까지 0100 범국민 웃음운동'은 바로 아기 때부터 노인에 이르기까지 모두가 행복한 삶을 영위하자고 하는 웃음운동이며, 모든 인종이 하나 되어 웃고 살 수 있는 '웃음문화운동'이다.

어느 미래 학자의 말을 빌리자면 "앞으로 300년 후에는 대한민국이라는 나라가 없어질 수 있을 정도로 저출산 문제가 심각하다"고 한다. 아니, 비혼 문제가 심각하다.

여성을 웃게 하자. 시장에서! 직장에서! 삶의 현장에서! 자식에게 따뜻한 젖을 물리지 못하는 워킹맘의 가슴에 따뜻한 웃음꽃이 필 수 있도록 우리 모두가 노력해야 한다.

비둘기 집

여러분의 가정은 행복한가? 자신 있게 긍정의 대답을 할 수 있는 사람이 과연 얼마나 될까. 칙센트 미하이는 『몰입의 즐거움』이라는 책에서 "가정의 형태가 아무리 변화무쌍하게 펼쳐져 왔다고는 하지만 한 가지 변하지 않는 요소가 있으니, 그것은 곧 성(性)이 다른 두 어른이 결합하여 서로의 행복을 위해 노력하면서 자식에 대해 책임을 함께 나누어 가진다는 사실이다."라고 말했다.

가정의 책임은 반드시 부부에게 있다는 말일 것이다. 한평생 부부가 함께 살면서 여러 어려운 고비를 넘기지만, 요즘처럼 경제적으로 힘들고 정신적으로 피로한 현대인들에게 부부는 정말 소중한 버팀목이요, 지지자가 될 것이다.

부부가 넘어야 할 고개가 일곱 개 있다고 한다.

첫째 고개는 신혼부터 3년쯤 갖가지 어려움을 비몽사몽 간 웃고 울고 넘는 '눈물 고개'이다.

둘째 고개는 결혼 후 3~7년 동안으로, 서로에게 드러난 단점을 타협하는 마음으로 위험한 권태기를 넘는 '진땀나는 고개'이다.

셋째 고개는 결혼 후 5~10년으로, 사는 동안 진짜 상대방을 알고 난 다음 피차가 자신과 투쟁하며 상대를 포용하는 현기증 나는 '비몽 고개'이다.

넷째 고개는 결혼 후 10~15년으로, 상대방의 장·단점을 현실로 인정하고 보조를 맞춰 가는 돌고 도는 '헛바퀴 고개'이다.

다섯째 고개는 결혼 후 15~20년으로, 함께 살면서 정신적으로는 별거나 이혼한 것처럼 따로따로 자기 삶을 체념하며 넘는 '아리랑 고개'이다.

여섯째 고개는 결혼 후 20년이 지나, 과거에 있었던 것을 서로 덮고 새로운 헌신과 책임을 가지고 상대방을 위해 남은 생을 바치며 사는 '내리막 고개'이다.

일곱째 고개는 결혼 후 30년이 지난 완숙의 단계로, 노력하지 않아도 눈치로 이해하며 행복을 나누는 '천당 고개'이다.

이렇게 부부간에는 넘어야 할 고개가 많다.

요즘 강연을 통해 사람을 만나 보면 의외로 부부간에 대화가 없는 경우를 많다. 부부가 미소 지으며 대화할 수 있는 좋은 방법은 없을까? 이렇게 해보면 어떨까?

첫째, 상대의 입장을 지지하고 수용해 주는 "그랬구나"라는 표현을 쓴다.

둘째, 상대의 말에 관심을 표현해 주는 "그래서 다음에 어떻게 됐어?"라고 물어보는 방법이 있다.

셋째, 상대방의 감정을 충분히 이해했다는 표현으로 "정말 화났겠네…", "당신 슬픈가 보다, 걱정되지?"라고 말하는 방법이다.

넷째, 공감(共感)의 표현으로 "나도 그 입장이라면 그랬을 것 같네."라고 한다.

다섯째, 부부간 애정의 표현으로 "누가 뭐래도 난 언제나 당신 편이야, 알지?"라는 말로 부부간에 사랑이 넘치는 대화를 해보자.

가정의 중심은 부부이다. 부부가 서로에게 공감하고 행복해 하는 모습을 보일 때 그것이 아이들에게 최고의 교육이 될 것이며, 웃음꽃 피어나는 행복한 가정이 될 것이다.

웃음꽃 피는 가정

　다문화가족의 캠프에 초청되어 〈웃음꽃 피는 행복한 가정 만들기〉라는 주제로 웃음 소통 강의를 했다. 몇 년 전에 강의할 때보다 훨씬 많은 가족이 화기애애한 분위기에서 즐거운 시간을 보냈다. 이들은 결혼하여 한국으로 이주해 온 경우가 대부분이어서 한국어를 상당 부분 잘 알아들었다. 또박또박 발음을 하니 강의 내용에 대한 전달도 쉬웠다.

　웃음 강의는 다른 강의와 달리 감정적 영역이 강하기 때문에 어려움이 뒤따른다. 반면 웃음소리는 세계 공통어이기 때문에 쉬운 점도 있다. 강의가 시작되고 소통의 의미를 설명하며 한국 문화의 '추임새'에 대해 설명했다. '얼씨구, 그렇지, 잘~한다'를 연습시키고, 판소리 한 대목을 불러 함께했더니 금세 분위기가 무르익었다.

〈아리랑〉은 이미 세계적인 노래가 되어 모두 알고 있으니 〈아리랑〉을 합창하면서 하나로 결집시키고, 가정에서 일어나는 에피소드를 하나씩 이야기하면서 웃음을 이끌어냈다. 그들은 여느 한국인 주부들과 다를 바 없었고, 가정에서 일어나는 사소한 에피소드들 역시 비슷한 것들이었다. 그들에게 남편의 무뚝뚝한 얼굴을 웃게 하는 방법을 가르쳐주니 배꼽 잡고 웃었다. 함께 참가한 남편들도 공감하며 즐거운 마음으로 아내를 위한 웃음 서비스를 함께했다.

동네 이장님 방송 이야기, 하우스에서 오이 따면서 웃어보라는 이야기, 시어머니와 밥을 먹으면 소화가 잘 안 된다는 이야기 등등 그런 이야기들은 한국으로 시집 온 많은 이주 여성들에게 낯선 것들이 아니다. 아기들의 웃음을 키우는 방법을 이야기할 때는 눈을 빛내며 열심히 따라하는 것을 보고 '이 세상의 모든 어머니는 위대하구나!' 감탄도 했다.

외국인들을 대상으로 웃음 강의를 하다 보면, 그들이 참으로 잘 웃는다는 것을 알 수 있다. 이에 비해 한국 남편들은 대부분 무뚝뚝하다. 그 단적이 이야기가 있다.

미국을 방문한 한 한국인이 이동을 위해 택시를 탔는데, 운전기사가 한국에서 왔느냐고 물었다. 놀란 그는 운전기사에게 어떻게 알았느냐고 물었더니, "한국인은 택시를 타면 무표정하게 앉아 있거나 얼굴을 찡그리고 있거든요." 하더라는 것이다.

이것이 실화인지 아닌지는 알 수 없지만, 오죽하면 이런 이야기가 나왔을까 싶다. 이주 여성들이 한국인 남편에게 가장 힘들어하는 부분도 한국인은 칭찬에 인색하고 잘 웃지 않는다는 점이다.

강의하는 현장에서까지 아내에게 화를 내거나 함부로 말하는 남성을 볼 때, 사실 같은 남자로서 창피한 마음을 숨길 수 없었다. 강의하는 중간에 그 남편과 눈을 자주 마주치면서 웃음의 소중함을 강조했더니, 나중에는 미안한 마음이 들었는지 열심히 따라 실습해 주었다. 함께 오신 시어머니들은 당신들이 했던 시집살이와 비교하면서 이야기했고, 함께 노래를 부르고 며느리의 등을 쓸어주면서 미안함과 애틋함을 보여주기도 했다.

우리나라도 6·25 이후에 많은 여성들이 외국으로 시집가서 고생했고, 고국을 그리워하며 많은 눈물을 흘렸을 것이다. 시대가 변하고 정보통신의 발달로 지구가 한 가족이 되었다지만, 가족과 고향에 대한 그리움은 오롯이 이주 여성들의 몫이다.

다문화가정의 행복도는 대한민국의 행복지수와 같다. 무엇보다 다른 문화를 가진 사람이나 집단이라도 차이를 인정하고 존중하는 것이 중요하다. 그러나 이에 앞서 가장 우선되어야 할 것은 사라져가는 웃음을 되찾는 일이다.

먼저 자신을 사랑하는 연습부터 하자. 몸과 마음을 더럽히는 것은 밖에서 들어오는 것이 아니라 내 안에서 시작된다. 나부터 사랑하고 그 사랑을 지구촌 모두에게 나누어줄 수 있는 큰 대한민국이 되기를 바란다.

웃음요가의 효과

웃음요가는 요가의 운동법과 웃음 치료기법, 문화적 치료기법이 어우러진 21세기형 새로운 건강법이다. 인간의 궁극적인 삶의 목적인 자연과 하나되는 통합의료학적인 건강법으로, 현대인에게 부족한 웃음과 몸과 마음의 부조화를 균형 있게 만드는 역할을 하고 있다.

웃음요가는 정신적으로는 스트레스의 해소, 긍정적 사고방식으로의 전환, 진정한 행복감과 삶의 질의 향상 등의 효과가 있고, 영적으로는 개인과 사회가 웃음을 통해 맑은 영혼을 지닐 수 있도록 돕는다. 육체적으로는 면역체계의 강화, 내장기관의 운동, 다수의 근육운동, 인체에 유용한 호르몬의 분비, 통증의 감소 등 다양한 효과가 있다. 이 부분을 구체적으로 살펴보자.

1. 행복감의 회복

행복감이란 생활 속에서 만족감, 기쁨 또는 보람 등을 느끼는 마음이라고 할 수 있는데, 웃음요가 참가자들이 느끼는 것 중 하나가 행복감이다. 매일 웃음요가를 하는 사람들은 요가 운동을 병행하여 15~20분 정도 신나게 웃음으로써 하루 종일 행복감을 유지할 수 있다.

웃음은 기본적으로 육체적인 건강을 바탕으로 하기 때문에 몸의 균형을 회복함으로써 바른 자세를 통해 건강한 신체를 만들 수 있다. 그리고 바른 호흡은 심신의 원활한 작용에 매우 중요한 역할을 하기 때문에 웃음요가에서는 운동요법 후에 반드시 호흡 수련을 병행한다. 바른 호흡으로 정서적인 행복감을 느끼고, 이것이 웃음으로 연결된다.

세상 어디에도 웃음요가를 통해 얻을 수 있는 즉각적인 반응(웃음이 온몸에 전달되는 신선함)을 제공하는 약품은 없다. 웃음요가를 받기 시작하면 자연스럽게 사소한 일에 집착하지 않는 법을 배우게 된다. 삶을 대하는 태도가 바뀌는 것이다. 우리 삶을 바꾸는 데 중요한 것 중의 하나는 태도(attitude)이다.

2. 정신질환의 극복

어느 정도의 긴장감은 필요한 것이지만, 현대인들이 받는 대부분의 스트레스는 정신적인 타격으로 다가온다. 스트레스는 그 어원에서 볼 수 있듯이 몸과 마음을 조이는 부정적인 영향으로 건강을 해치게 된다. 걱정, 근심, 의기소침, 불면증과 같은 정신질환은 스트레스가 주된 원인이라 할 수 있다. 최근 정신질환으로 생긴 사회적인 문제들은 대부분 정신적 스트레스를 제대로 풀지 못해 일어나는 현상이다. 폭력적인 행동과 언어는 분노조절 장애라는 큰 질환을 갖게 한다.

웃음요가를 하면 운동을 통한 육체의 이완, 동적인 명상 효과와 긍정적인 생각으로 뇌파를 안정적으로 유지할 수 있다. 숙면의 효과와 더불어 생기 넘치는 삶을 영위하게 되는 것이다. 분노조절 장애는 심신의 이완을 통해 많은 치료 효과를 보이는 것으로 나타났다. 심지어 자살 충동을 느끼던 이들도 점차 희망적인 삶을 살게 된다.

3. 명상과 긴장 완화

웃음요가는 긴장 완화요법이나 명상법에 견줄 만하다. 명상을 할 때 정신을 육체로부터 분리하는 노력이 필요한데, 이는 초보자들이 명상을 시작하면서 가장 부담스럽게 생각하는 부분이기도 하다.

수많은 형태의 명상법의 첫 단계는 일단 머릿속에 떠오르는 상넘을 떨쳐버리는 것이다. 머리로는 알고 있어도 행동으로 옮기기엔 무척 힘들기 때문에 큰 노력이 필요하다. 그러나 웃음요가에서는 그런 걱정이 필요 없다. 웃는 동안 그 어떤 '잡생각'도 할 수 없기 때문이다. 상념에 빠진 채 웃는다는 것은 거의 불가능하다. 웃음요가가 우리에게 즉각적인 긴장 완화 효과를 가져다 줄 수 있는 가장 쉬운 형태의 명상법이라고 할 수 있는 이유다.

육체적·사회적·정신적·영적 건강으로 그 이해의 폭이 넓어진 웃음요가는, 밝은 웃음으로 사회적·개인적 규범을 지켜 밝은 사회를 만들어가자는 개념이다. 요가 운동을 통한 육체적 건강, 웃음 명상을 통한 정신적 건강, 진정한 웃음을 통한 집중으로 신과 하나가 되는 경험이기도 하다. 현재 웃음요가는 국내는 물론 국제적으로 다양한 웃음클럽들과 함께 성장하고 있다.

웃음은 운동이다

생명이란 살아 있음을 뜻하고, 살아 있다는 것은 숨을 쉬고 있다는 의미이다. 인간의 가장 인간다움은 웃음이고, 이 웃음이 생명을 살린다. 웃음은 호흡 작용의 일종이기도 하기 때문이다.

호흡에는 들숨과 날숨이 있다. 웃을 때 호흡을 살펴보면 내쉬는 호흡, 즉 날숨이 많다. 날숨을 통해 이산화탄소가 몸 밖으로 배출되니, 웃음은 고농도의 산소 호흡이라고 할 수 있다. 의학적으로도 산소 소비량이 인간의 수명을 결정하는 데 중요한 요인이라는 것은 잘 알려진 사실이다.

그래서 우리는 운동을 한다. 건강 유지를 위한 여러 운동법이 있으나, 과유불급(過猶不及)이라는 말이 있듯이 과도한 운동은 산소 소비량의 균형이 깨져 오히려 악영향을 미칠 수 있다. 그런 의미에서 웃음은 지구상에 존재하는 최고의 건강 장수 운동법이다. 체온 상승 및 혈액순환계통의 혈압, 맥박 등을 정상화시키며, 종합적으로 면역력을 증강시킨다.

웃음을 통해 만들어진 호르몬 중 특히 사이토카인은 우리 몸속의 면역시스템을 조절해 주는 역할을 한다. 사이토카인에 의해 발견된 이상세포를 NK(자연살상)세포가 사멸시킴으로써 건강한 삶을 영위할 수 있도록 만들어준다. 때문에 웃음을 통해 암이 치료되는 것도 절대 허구적인 말은 아니다.

그래서 웃는 사람은 웃지 않는 사람보다 더 오래 산다고 한다. 하지만 건강이 웃음의 양에 달려 있다는 사실을 아는 사람은 별로 없다. 구소련의 학자 베린은 웃음과 건강의 상관관계에 대해 구체적인 조사 결과를 제시했다. 조사에 따르면, 건강과 장수를 누리는 89세 이상의 노인들 중 약 90%가 유난히 잘 웃는 성격이었다고 한다.

건강하게 오래 사는 '진정한 장수의 소망'을 이루고 싶다면 지금부터 당장 걱정을 줄이고 만사를 긍정적으로 생각하며 즐겁게 웃자. 게다가 운동만큼이나 웃음도 건강에는 똑같이 유익하다고 한다. 미국 샌프란시스코 의대에서는 생리작용에 대한 웃음의 효과를 증명했는데, 사람이 특정한 감정 표현을 흉내내면 몸도 거기에 따른 생리적 유형을 보인다는 것이다.

그렇다면 어떻게 웃어야 할까?

1. 크게 웃자

입을 최대한 벌려 눈에 보이는 얼굴 근육을 활성화하자. 또한 크게 소리를 내어서 웃음으로써 몸에서 긍정적인 파동이 발생하도록 만든다.

2. 길게 웃자

웃는 얼굴을 효과적으로 개선하기 위해서는 호흡을 이용한다. 숨을 들이마시거나 멈춘 상태에서 미소 지으면 어딘가 어색한 표정이 된다. 웃을 때는 숨을 내쉬어야 한다. 웃으면서 내쉬는 날숨은 우리 몸 안의 독소를 배출하고 스트레스를 해소하는 역할을 한다. 이때 중요한 것은 한 번에 15초 이상 웃어야 한다는 것이다. 15초 이상 웃었을 때 엔도르핀을 비롯한 건강에 유익한 호르몬의 분비가 최대화되기 때문이다.

3. 배로 웃자

웃음소리는 목에서 나오면 안 된다. 목으로 큰 소리를 내며 웃으면 성대에 상처를 입힐 위험이 있기 때문이다. 크고 길게 웃기 위해서라도 배가 단단해지는 복식호흡을 병행한다.

4. 과장된 동작으로 웃자

웃을 때는 손과 발을 동시에 움직이면서 웃는 게 좋다. 몸을 움직이면서 웃으면 더 쉽고 재미있어진다. 웃을 때는 어깨를 펴고 즐거움을 배가하는 손동작을 같이 해보자. 웃음요가를 병행하면 더욱 좋다.

웃음은 운동이다. '하하하'는 당신의 인생을 젊게 만든다.

웃음 다이어트

과도한 다이어트로 인해 정신적 괴로움을 호소하는 경우가 많다. 심지어 비만 때문에 자살을 하는 경우까지 생겨나자 비만은 사회적, 정신적 문제로까지 대두되고 있다.

워싱턴 포스트는 〈웃어서 살을 없애라(Laugh it off)〉라는 제목으로 웃음의 다이어트 효과에 대해 보도했다. 웃음이 삶을 밝게 만들어 과식을 억제하고 운동을 촉진시킨다는 것이다. 심지어 "상사의 조크에 과하게 웃는 아첨꾼도 건강해질 수 있다"고 전했다.

웃을 때마다 신체의 근육 650개 중 231개가 움직인다고 하니, 웃음은 가히 전신운동이라고 할 만하다. 웃음 요법은 요요현상이 없는 '호호 다이어트'라 불리며, 웃음 요법을 실행하는 '건강 웃음 클

럽'이 미국에만 1천 개, 전 세계적으로 3천 개가 있다고 한다.

웃음 다이어트 책자와 CD는 '웃음훈련(laughtercising)'이라는 신조어까지 만들어냈다. 미국의 『웃으며 살 빼는 법』 저자인 케이티 남리보는 웃음 요법으로 4년 만에 16kg을 뺐다. 남편과 네 자녀, 일곱 명의 손자를 둔 평범한 그녀에게는 특별한 아들이 있었다. 그녀는 발작장애가 있는 아들을 키우면서 쌓인 스트레스를 과식과 폭식으로 해소했고, 정신을 차리고 보니 어느덧 뚱뚱한 아줌마가 되어 있었다. 케이티는 수많은 다이어트에 도전했지만 실패를 거듭했고, 뚱뚱한 자신의 몸을 그냥 숙명이라고 여겼다.

하지만 현재의 케이티는 나이보다 훨씬 어려 보이고 날씬하기까지 하다. 아들의 치료 프로그램 중에서 '웃음'을 찾아냈고, 이 웃음이 그녀를 바꾼 것이다. 그녀가 성공한 '웃음 다이어트'에는 '하지 말라'는 것이 없다. 케이티는 '실컷 웃으면서 마음껏 스트레스를 푸는 것'이 진정한 다이어트라고 한다. 먹고 싶을 때 거침없이 원하는 것을 먹고, 편안한 소파에 앉아서 몇 시간 동안이나 수다를 떨어도 웃음 다이어트는 살이 찌지 않는다는 것이다. 케이티는 "한 번에 30초~5분간 매일 열 번씩 웃으면 식탐(食貪)이 없어지고 운동 욕구가 생긴다"고 말한다.

보스턴의 '건강 웃음 클럽'에서는 월 2회 25분씩 요가와 함께 마룻바닥을 구르며 웃는 운동을 한다. 이곳의 토머스 바키는 "앞으로 웃음은 헬스클럽과 요가센터의 중요한 일부가 될 것"이라며 "웃음은 그 자체로 항우울제"라고 했다.

케이티는 이제 웃음 다이어트 전도사로 활동하고 있다. 『웃으며 살 빼는 법(Laugh It Off)』을 출간하고, 웃음 파티와 웃음 프로그램 강연 등을 통해 웃음 다이어트와 '웃음의 힘'을 여기저기에 알리느라 바쁜 나날을 보내고 있다.

웃음 다이어트는 평소에 많이 웃어 칼로리 소모량을 늘리는 것이다. 매일 거울 앞에 앉아 자신의 웃는 모습을 보면서 3분씩 웃는 것이 포인트다. TV 개그 프로그램이나 코믹영화 등을 보면서 박장대소해도 좋다. 크게 웃으면 얼굴 근육과 내장이 웃음의 진동에 의해 움직이면서 칼로리가 소모된다. 그리고 몸속에 산소 공급량이 늘어나면서 유산소 운동을 한 것과 같은 효과를 볼 수 있다. 스탠퍼드대 윌리엄 프라이 교수는 "하루 100~200번 웃으면 심장에 10분간 노를 젓는 것 같은 효과를 준다"고 전했다.

때와 장소 구분 없이 돈 한 푼 들이지 않고 누구나 할 수 있는 웃음 다이어트로 모두가 더욱 행복해지는 세상이 되길 바라본다.

웃음을 캔에 넣어
팔 준비를 하라

바야흐로 6차 산업의 시대다. 6차 산업이란 농촌에 존재하는 모든 유·무형의 자원을 바탕으로 농업과 식품특산품 제조가공 및 유통 판매, 문화, 체험, 관광, 서비스 등을 연계함으로써 새로운 부가가치를 창출하는 활동을 말한다. 다시 말해서 1차 산업인 농·수·축 산업과 2차 산업인 제조업 그리고 3차 산업인 서비스업이 복합된 형태라고 할 수 있다.

사실 농촌의 현실은 녹록치 않다. 농가 인구의 감소와 고령화로 농업 기반 산업이 어려워지고 있는 실정이고, 상당 기간 농업 성장이 정체되어 소득 감소로 이어지고 있는 상황이다. 다행히 최근 귀농과 귀촌 인구가 증가하면서 6차 산업은 고부가가치화, 농업인과 농촌 주민의 소득 증대 및 지역 경제의 활성화에 꼭 필요한 일로 부상하였다.

웃음을 파는 시대에 살고 있는 우리는 체험관광을 통한 즐거움으로 경제적인 효과를 높일 수 있다. 자연과 더불어 나누는 축제는 참가자들에게 기쁨과 즐거움을 줄 수 있다는 것이 포인트다. 축제를 통해 사람들은 행복감을 느끼며 치유를 받게 된다.

어머니의 그리운 손길과 음식을 체험하고, 직접 지은 농산물을 서로 교환, 판매하는 직거래 로컬 마케팅과 문화가 함께한다면 그 효과는 매우 클 것이다. 생산자의 즐거움은 제품의 질을 높일 것이고, 어머니에 대한 추억과 할머니의 옛이야기는 참가자들에게 즐거움을 선물할 것이다. 어린 시절의 놀거리 역시 사람들에게 향수를 불러일으킬 수 있다.

필자는 농·수·축 산업 관련자들을 대상으로 강연을 하면서도 웃음이 산업과 관련하여 어떤 영향을 줄 수 있는지에 대해 피력한 바 있다.

1차 산업인 농산물 생산이나 특산물 생산의 현장에서 웃음은 생산자의 마음을 즐겁게 하고 피로를 풀어주며, 육체적으로 힘든 작업을 통해서 오는 많은 문제들을 해소시켜 준다. 특히 인간과 자연의 생산물들은 서로 교감을 하기 때문에 생산자의 웃음은 곧 생산품에 영향을 줄 수 있다.

"생산자 '김하하'가 매일 웃어서 키운 행복 엔도르핀 농산물입니다."

만약 이렇게 광고를 한다면 소비자들도 덩달아 기분이 좋아질 것이다. 2차 산업인 식품제조, 가공 그리고 공산품을 제조하는 제조업에 종사하는 분들도 웃음을 통해 펀(fun) 경영을 하게 되면 내부 고객들이 만족하고 제품의 질 또한 향상될 것이다.

사실 즐거운 일터가 되려면 개개인이 즐거워야 한다. 무엇보다도 자기 경영이 우선되어야 하는 것이다. 그러기 위해서는 먼저 자신을 사랑해야 한다. 언제나 환한 웃음으로 타인을 대하며, 누구보다 자신을 믿어주고, 자신에게 칭찬과 격려를 아끼지 말아야 한다. 자신을 사랑하지 않는 사람은 타인을 사랑할 수 없기 때문이다. 항상 상대방에게 기분 좋은 말을 하고, 스스로 긍정적인 사고를 하여야 시너지 효과가 생긴다.

우리는 말하는 대로 되는 경험을 자주 한다. 부정적인 사람과 함께 있으면 자신도 모르게 부정적인 사고를 하는 우(愚)를 범하게 된다. 늘 긍정적인 사람이 되려고 노력하고, 나의 힘으로 긍정적인 분위기를 만들어내야 한다. 행복한 나, 행복한 가정, 즐거운 직장은 누가 만들어주는 것이 아니다. 바로 나 자신이 만드는 것이다. 즐거운 일터는 결국 개개인이 만드는 것이다. 그리고 그 긍정의 힘은 바이러스처럼 다른 사람들에게 전이된다.

2030년이면 현재의 직업 80%가 사라진다고 한다. 이제 정말 얼마 안 남았다. 웃음을 캔에 넣어 팔 준비를 하라. 그것이 또한 6차 산업에서 승리하는 비결이 될 것이다.

죽음 앞에서도
산 자는 웃어야 한다

임권택 감독이 연출한 〈축제〉라는 영화가 있다. 소설가 이청준의 원작을 영화화한 것으로, 87세 노모의 죽음으로 오랜만에 모인 가족들의 이야기이다.

40대의 유명 작가 이준섭은 치매를 앓아온 노모가 돌아가셨다는 연락을 받고 오랜만에 고향으로 내려간다. 시집와서부터 지금까지 시어머니를 모신 형수는 애석함과 홀가분함으로 그동안의 감정에 휩싸인다. 할머니의 사망 소식을 듣고 가출했던 이복조카 용순은 요란한 복장으로 등장하고, 그녀의 거슬리는 행동으로 가족들은 순식간에 갈등 상황을 만든다.

준섭을 따라온 기자 혜림은 용순의 행동이 할머니에 대한 애정과 삼촌 준섭이 할머니를 모시지 않은 것에 대한 것임을 알게 된다. 장례가 시작되자 애증의 골은 깊어지고, 여러 사건을 겪으면서 가족 간의 불화도 조금씩 풀리게 된다. 용순은 혜림이 건네준 준섭의 동화를 읽으며 눈물을 흘리고, 장례식이 끝나자 가족들은 어머니가 남긴 지혜와 사랑을 다시 마음에 담는다.

장례식이란 단순히 죽은 사람을 땅에 묻는 것이 아니라 산 자들의 묵은 감정이 해소되는, 그리하여 회합의 새 출발이 되는 자리라는 것을 보여주고 있다. 장례식은 남아 있는 사람들이나 떠난 사람에게 축제였던 것이다.

진도 지방에 전해 오는 민속놀이 중 '다시래기'라는 것이 있다. 다시래기는 '다시 낳다', '다시 생성하다', '여럿이 모여서 즐거움을 갖는다'는 등의 뜻이 있는데, '사람이 죽으면 다음 생이 있다. 그러니 웃으며 보내야 하고, 즐겁게 보냄으로써 다시 태어나고 또 생성되어 새로운 생을 맞이할 수 있다.'는 의미가 담겨 있다.

다시래기는 원래 죽은 이를 제대로 씻겨 원한에 찬 삶은 녹녹하게 풀어 저승에 잘 보내려는 의도가 담긴 제의였다. 그러나 이후에는 상중인 유족의 설움과 고통의 치유를 목적으로 하는 민속극으로 변화하면서 마을의 축제와 같은 양상을 띠게 되었다. 이로 인해 마을 내 갈등을 누그러뜨리는 비정기 축제와 같은 역할도 갖게 되었다.

진도 다시래기는 가무극적 놀이문화로, 주로 밤을 새우고 사물 반주에 맞추어 노래와 춤과 재담으로 진행된다. 인간의 죽음은 슬프지만 망자의 슬픔을 달래주고 산 자의 삶을 위로하기 위해 한마당 신명나게 놀아나는 것이다. 부모나 형제 등을 저 세상으로 보내야 하는 비통함을 조금이라도 위로하고 달래려는 주위 사람들의 배려라고 하겠다.

죽음 앞에서도 산 자는 웃어야 한다. 즐거워서 웃는 것이 아니고 현재 살아 있음에 감사하는 웃음이다. 죽음도 이럴진대 하물며 반목하고 대립하고 싸움이 그치지 않는 세상이라고 어찌 희망의 꽃을 피우지 못하겠는가.

고대 이집트인들은 저승에 가면 두 가지 질문을 받는다고 믿었다. 하나는 "너의 삶에 진실로 기쁨을 발견했는가?"이고, 또 하나는 "남을 기쁘게 해주었는가?"이다. 오늘 세상을 향해 웃는 당신의 웃음소리가 그 해답을 이끄는 첫걸음이라고 믿는다.

화는 화로 풀어라

현대인을 공격하는 가장 무서운 적은 보이지 않는 스트레스, 즉 한국인들이 흔히 말하는 '화(火)'라는 병이다. 과거에는 여러 가지 육체적 과로에 의한 질환이 많았지만, 현대인들에게는 정신적 과로에 의한 질환이 많은 것이 사실이다. 하지만 우리에게는 그런 화병으로부터 벗어날 수 있는 묘약이 있다.

바로 '웃음'과 '울음'이라는 명약이다.

우리 마음을 태평스럽게 만들어줄 수 있는 묘약에 대한 설명은, 우리 조상님들이 불렀던 〈태평가〉라는 민요를 불러보면 잘 알 수 있다. 첫 번째 대목이 바로 '짜증을 내어서 무엇 허나, 성화를 내어서 무엇 허나'이다. 정신적으로 피로해지면 먼저 나오는 것이 짜증이다. 이러한 정신적인 현상을 해소하기 위해 나오는 것이 바로 '울음'이라는 정신적인 반응이다. 울음이라는 반응은 마음에 일렁임이 있어 일어나는 현상이다.

울음이 가장 많은 곳이 어디일까? 바로 초상집이다.

보통 초상집에 가면 제일 많이 우는 사람이 누구인가? 그렇다! 부모의 속을 썩인 셋째 딸이다. 아버지 말씀 안 듣고 동네 오빠와 야반도주해서 아버지 속을 태운 그놈이 제일 많이 운다. 그런데 이 서러움은 한 시간 정도 울고 나면 속이 풀어진다.

만약 초상집에 울음이 없다면 그 스트레스로 인해 안 아프던 사람도 아프게 될 것이다.

화를 분출해 내지 못하면 아드레날린이나 노르아드레날린이 분비되어 혈압이 올라간다. 맥박이 빨라지고 심장에 부담이 가면서 혈압이 상승한다. 그런데 울면 눈물과 함께 스트레스 호르몬이 다량 빠져 나오고 면역력이 높아진다.

그래서 잘 우는 여성들이 남성들에 비해 오래 사는지도 모르겠다. 남자는 '인생에서 세 번만 울어야 한다'는 암묵적인 사회적 약속까지 있어서 화를 풀 수 있는 도구가 부족하다. 우리나라 드라마가 감성적이고 눈물을 많이 흘리게 하는 이유도 이런 사회적 구조와 상당한 연관이 있을 수 있다.

화(火)를 푸는 또 한 가지 방법이 바로 웃음이다. 동의보감에도 "웃음은 심장의 화 기운을 빼내는 데 명약이다"라고 나와 있다. 심장과 뇌가 제일 좋아하는 감정이 바로 웃음이다.

우리 뇌는 웃기지 않는 상황이라도 웃는 표정만 지어도 '변연계'라는 영역이 활성화되고, 행복을 느끼게 하는 페로몬이나 세로토닌이 많이 분비된다. 그러면 화가 날 때 어떻게 자기를 관리해야 할까? 화가 나면 이렇게 자신을 다스려 보자.

1. 중요성

이 화가 내 인생에서 정말 중요한 문제인가? 사소한 것이라면 그냥 흘려보내자.

2. 정당성

내가 화를 내는 것이 이성적으로 정당한가? 여기서 우리는 많은 오류를 범한다. 무조건 화를 내놓고 자신은 화를 안 냈다고 하는 거다. 이미 상대방은 상처를 받은 뒤인데 말이다.

3. 가치성

이 화가 문제 해결의 가장 효과적인 방법인가? 즉, 이 상황에서 나의 행동이 가치 있는 행동인가를 알아차리는 것이다.

이 화(火)를 삭이지 못해 국보1호(숭례문)까지 불타게 하지 않았는가. 이제 화(火)는 화(웃음과 울음)로 풀어라. 감정을 속이고 억제하면 내 몸 안은 병들고 멍들어 결국 터지게 된다.

신(神)이 주신 가장 귀한 선물인 웃음 그리고 울음은 인간을 행복한 아이의 모습으로 살게 해주는 최고의 명약이다. 노래방만 생길 것이 아니라 '웃음방', '울음방'도 생겨서 마음껏 웃고 울 수 있는 그런 세상이 왔으면 좋겠다.

화는 화로 풀어라.

어깨동무

우리 주변에 너무 많이 등장하는 단어는 '학교 폭력'이다. 학교 폭력으로 인해 삶의 환경들은 너무 많이 바뀌었다. 스승과 제자의 관계가 과거와는 너무 달라져버린 지 오래이다.

정부에서는 하루가 멀다 하고 대책을 내놓고 있지만 도무지 해결될 기미가 보이지 않는다. 폭력 문제는 대책만으로는 해결되지 못한다. 학교 폭력을 해결하기 위해 몇 가지 생각을 해보았다.

1. 가정교육을 살려야 한다

정부는 '밥상머리 교육' 운운하지만, 그런 교육이 가능한 가정이 몇 퍼센트나 될까? 가난이 대물림되는 현실을 바꿔 나가야겠지만,

우선은 아버지·어머니 교육부터 이루어져야 한다.

결혼하기 전 결혼에 대한 사전 교육을 통해 가정의 소중함과 가정 내 폭력의 심각성을 알고 최소한 부모 자격증이 있는 사람들이 결혼해야 한다.

2. 학교는 진정한 교육의 장이 되어야 한다

현재의 학교와 학원은 교육하는 곳이라기보다 '시험 잘 보는 법을 가르치는 곳'이라는 표현이 더 어울린다. 교육 과정은 껍데기만 남고 지식만 주입하는 교육, 철학이 없는 교육의 현장에서 어떻게 학교 폭력이 사라질 수 있을까? 자신이 세상에서 가장 소중한 존재라는 걸, 그래서 친구나 이웃, 내 민족이 소중하다는 인생관, 세계관을 갖도록 철학 교육을 해야 한다. 승자 지상주의, 1등 만능주의는 우리 교육이 저지르는 또 다른 이름의 폭력이다. 다른 사람에게 웃음을 주고, 어깨동무하면서 함께 골인하는 교육이 필요하다.

3. 인권 교육을 일상화해야 한다

인권을 유린당하는 학생들에게 타인의 인권을 존중하라는 것은 앞뒤가 맞지 않는다. 인권이 없는 학교에서 어떻게 남의 인권을 존중할 수 있겠는가. 우리나라의 건국 이념은 홍익인간(弘益人間)이다. 널리 사람을 이롭게 하는 교육이 바로 인권 교육이다. 친구와 어깨동무하는 어깨동무 교육을 시켜야 한다. 스킨십이 없는 어린아이들은 스킨십을 받은 아이들에 비해 질병에 걸릴 확률이 두 배 이상 높다고 한다. 사랑의 스킨십이 필요하다.

4. 학벌 사회 중심의 사회제도를 바꿔야 한다

21세기는 어느 대학을 나오느냐는 것보다 어떤 학과를 나와서 어떤 일을 하고 사느냐가 중요한 시대이다. 우리는 아직까지 SKY 대학 몇 명 보냈다고 자랑스럽게 플래카드를 붙이고 홍보하는 오류를 수정하지 못하고 있다. 이력서 안에 학력란을 빼고 자신의 전공란을 넣어야 한다. 일류대학이라는 졸업장이 개인의 인품을 대신해서는 안 된다.

아이들에게 재미있게 사는 법을 가르쳐야 한다. 학교생활에서 배움의 즐거움과 모르는 것을 알아가는 문제 해결 능력 속에서 행복을 느끼고, 친구와의 인간관계 속에서 인생을 배울 수 있는 학교가 되어야 한다. 먼 훗날 동창회에서 친구를 만났을 때 어깨동무하고 불렀던 노래를 즐겁게 다시 부를 수 있는 세상이 빨리 오기를 바란다. 우리 아이들과 어깨를 마주대고 한 번 걸어보자. 아이들이 하고자 하는 이야기에 마음의 귀를 열어보자. 어깨동무하고 웃음 짓는 행복한 세상이 기다려진다.